U0898817

程 序 力

丰田精益管理的核心奥秘

日本OJT解决方案股份有限公司 著 张蓉 译

トヨタの段取り

新世界出版社
NEW WORLD PRESS

图书在版编目（CIP）数据

程序力：丰田精益管理的核心奥秘 / 日本 OJT 解决方案股份有限公司著；张蓉译. -- 北京：新世界出版社，2019.3
ISBN 978-7-5104-6657-1

Ⅰ. ①程… Ⅱ. ①日… ②张… Ⅲ. ①丰田汽车公司－工业企业管理－经验 Ⅳ. ① F431.364

中国版本图书馆 CIP 数据核字（2018）第 280069 号

著作权合同登记号：图字 01-2016-5518 号

程序力：丰田精益管理的核心奥秘

作　　者：日本 OJT 解决方案股份有限公司
译　　者：张　蓉
责任编辑：董晶晶
责任印制：王宝根
出版发行：新世界出版社
社　　址：北京西城区百万庄大街 24 号（100037）
发 行 部：（010）6899 5968　（010）6899 8705（传真）
总 编 室：（010）6899 5424　（010）6832 6679（传真）
http://www.nwp.cn
http://www.nwp.com.cn
版 权 部：+8610 6899 6306
版权部电子信箱：nwpcd@sina.com
印　　刷：天津中印联印务有限公司
经　　销：新华书店
开　　本：710mm × 1000mm　1/16
字　　数：180 千字
印　　张：13.5
版　　次：2019 年 3 月第 1 版　2019 年 3 月第 1 次印刷
书　　号：ISBN 978-7-5104-6657-1
定　　价：48.00 元

你在工作的时候是不是会遇到以下这些情况呢?

总是勉强赶上交
货期或者到期了也来
不及完成……

要做的事情很多，
却不知道从何下手……

尽管每天都在加班，可是工作却没完没了……

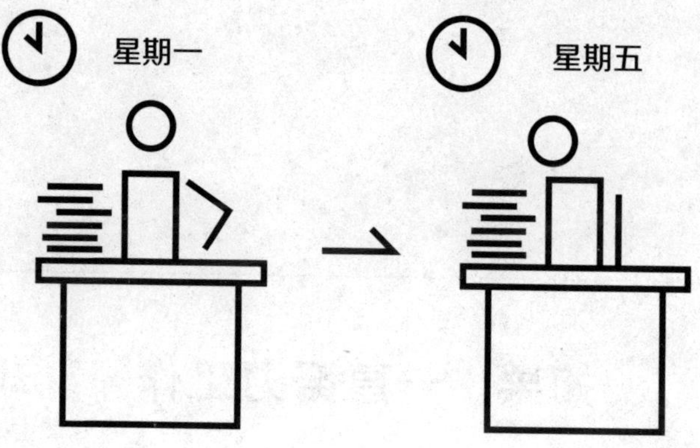

一直都在努力工作，可是却没有成果……

如果“一直努力工作”，却不出成果的话，就需要重新审视工作方法即“工作程序”了。

不过，不可搞错目的。

一般来说，制订工作程序，有以下几个目的：

◆ 去除浪费

◆ 提高速度

◆ 保障按计划进行

然而，“丰田的工作程序”是……

（去除浪费）+

提高工作的附加值

（提高速度）+

在最佳时机结束工作

（保障按计划进行）+

找出问题，提高工作质量

是的，“丰田的工作程序”正是为了打造高附加值产品而采用的商务工具。

前言

全球化竞争日趋激烈，在国内劳动力长期不足的情况下，日本企业无一例外地面临着必须以有限的资源实现最大产出的课题。

相应地，日企职员也要在短时间内推出更大的成果，即要进一步提高工作效率。

事实上，2015年，在安倍内阁的主持下，研究引入了一项名为“白领豁免”的新制度，即高级专家制度。该制度并不是根据工作时间支付报酬，而是根据工作成果来付酬，也被称为“零加班费”制度。

引入这项制度的利弊我们暂且不论，与之前相比，该制度对公司职员在短时间内高效率地完成工作的能力提出了更高的要求。

现在让我们换一个话题。据介绍，丰田公司目前的生产速度大约是1分钟生产1辆汽车。

丰田公司有能力将由多达约3万个零部件组成的汽车，在短时间内高效率地生产出来，并且从2012年起连续3年创造了汽车全球销售量第一名的辉煌业绩，这是丰田公司得以持续作为日本企业标杆的主要原因之一。

之所以能够实现如此高的生产率，正是由于丰田公司长期以来培育的以“丰田的工作程序”为代表的现场生产系统。

而在实际中支撑这个生产系统、制作产品的是现场操作的职员，他们在日常的工作中不断积累的智慧结晶，为丰田公司的高生产率奠定了基础。

也许有人会说：“可能正是因为丰田公司是那样大型的企业，才能够在大约1分钟的时间就生产出1辆汽车。”其实不然，这种高效率的生产方式是现场的操作人员实现的。

有一个词可以体现丰田公司的特征——“精益管理”（Just In Time，简称JIT）。简单地说，就是“生产的速度要等于在市场上销售的速度”。为了实现这一目的，需要将从采购零部件到销售之间的生产时间（即从第一道工序开始，到全部工序完成所需的时间）缩短到最小。这是丰田公司的汽车制造被赋予的使命，也是该公司的特长之一。

形成这一特长，仍然要靠现场的工作人员长年累月积累的智慧，是他们在现场实践的“工作程序的执行力”的体现。

时间是每个人都被平等给予的资源。然而，有效利用时间的工作程序却难以在学校等地方学到，它是人们在进入社会之后，通过工作而自行掌握的。

要想提高生产率，对工作程序的执行力是不可或缺的。

这里所说的工作程序，并不仅仅指快速完成工作。**在提高工作速度的同时，要保证质量，还要取得更大的成果，程序是指达到以上目的的经验技术。**

对于特别注重安全性的汽车生产来说，当然不允许存在速度第一而“降低质量”的选项。

即使工作速度加快，若无助于销售额等成果的提高，也是毫无意义的。

本书的内容，主要摘录从20世纪60年代前半期到21世纪10年代前半期一直在丰田工作，之后在OJT解决方案股份有限公司（位于爱知县名古屋市）担任企业教练职务的原丰田公司管理人员对于丰田工作程序的见解的精华部分，记录了其所述的丰田公司发生的一些轶闻趣事，并且做了归纳总结，以使丰田公司以外的其他人员也可以灵活应用。

也许有人会说："正因为是丰田公司，才能够做到。"其实不然，"丰田的工作程序"并不是只通用于丰田公司内部的方法。

它适用于在各行各业的任何一家公司工作的人。

该方法是以提高工作生产率为目的的高度概括的原理和原则，不但适用于工厂工作人员，也同样适用于办公室工作人员。

事实上，由曾经就职于丰田公司的员工们组成的OJT解决方案股份有限公司，其企业教练们所培训的公司，分布于国内外的制造业、零售业、建筑业、金融保险业、批发业、服务业（医疗机构、福利设施、酒店等），遍及不同的地区和各行各业，也都取得了巨大的成果。

从这里也可以看出，不只是在生产现场，在办公室工作等创造性工作中，甚至在家庭生活中，在任何需要程序的场合，丰田的工作程序运用起来都相当有效。

请各位也将丰田的工作程序应用在自己的工作岗位上，以实现比之前更快速，质量也更高的工作效果。

本书侧重于介绍适用于办公室白领人员的思考方法和

经验技术。如果您可以一面反复思考着“也许在自己的工作中也可以如此应用”，一面读这本书的话，您对程序的执行力一定会有飞跃式的提升。

我们将非常乐于看到本书能对您改进工作方式、提高工作效果有所帮助。

OJT解决方案股份有限公司

目 录

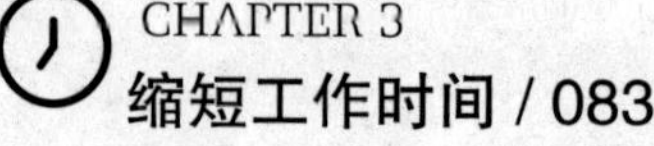

➔“班长·组长·工长·课长”

丰田的管理职务制度。

“班长”是从进入公司工作达10年左右的职员中选拔出来的，作为现场的领导者，拥有近10名下属。管理几名班长的是“组长”，管理组长的是“工长”，“课长”则统领工长以下的几百名下属，职位按照这样的顺序上升。

现在丰田的职务称谓有所改变，“班长”称作“TL”（team leader），“组长”称作“GL”（group leader)，“工长”称作“CL”（chief leader）。

➔“自働化”①

从丰田集团的创始人丰田佐吉时代传承下来的作为丰田生产方式支柱的一种思维模式——“一旦发生异常状况，立即关停机器及生产线”。通过停工，彻查发生异常的原因，并与不断改善紧密联系。基于这种思维模式，在发生异常状况时，装置显示灯会点亮“报警灯”。

➔“精益管理”（just in time）

与自働化比肩的作为丰田生产方式支柱的一种思维模式——“在存在需求期间，按照所需量来制造产品”。从现场开始去除浪费，提高工作效率。

---

① 本书作者写作“自働化”，强调其被称作“带单人旁的自働化”，与“自动控制”的“自动化”意思完全不同。——译者注。本书中注释如无特别说明，均为译者注。

“改善”

构成丰田生产方式核心的一种思维模式，是由全体人员参加，彻底地去除浪费，致力于提高生产效率的活动。当今，有许多企业都在进行此项活动，它可谓日本制造业实力强大之源泉。

“更换作业程序”

从某种产品的生产转换为另外一种产品的生产时，所发生的程序操作之更换。设备不停止运转就无法操作的程序称之为“内部程序”；而在设备运转中，为了下一步的程序替换而提前于设备外进行的程序操作，称之为“外部程序”。

“自工序完结”

在自己的工序上，制作中要保证质量，努力不出次品。在丰田公司，经常出现的一句话就是：“质量是在工序中打造的。”

“现场・实物”

丰田重视现场的一种思维模式——“通过查看现场，即可看到真实情况”。对事物的判断，应该在观察现场实际发生的事情、商品及产品本身之后再进行。

“横展”

“横向拓展”的省略语。丰田生产方式的专用语，即将某个生产线或车间等的成功对策推广到其他类似的生产线或车间等的一种方法。

CHAPTER 1 工作的成果由程序决定

第 1 章　第 1 讲

程序并不是“如何做”，而是“为何做”

POINT

程序容易倾向于“要怎么做”，其实，在谈及此之前，应该确认的事情是“为什么要做”。

赏花是最终的程序

事发突然，但还是接受了赏花干事[①]一职。

采取什么样的安排，才能保证活动成功呢？

许多人首先会考虑在什么时间、什么地点、以几个人的规模去赏花吧？大多数人甚至也会考虑到当天如何占地方、酒与用餐的安排之类事宜。

然而，在实际赏花的过程中，常常会发生一些无法预料之事。

在OJT解决方案股份有限公司任专务董事的森户正和肯定地说：**“赏花正是最终的程序。”**

赏花的当天，还有可能会下雨。

那时，是中止赏花，还是代之以去小酒吧间举行宴会呢？

改为去小酒吧间的话，需要提前预约酒吧。另外，如果不提前确定好在什么时候由谁做决定，而导致判断延误，可能会产生没必

① 赏花干事即赏樱会的干事。樱花从开花到凋谢大约只有两周时间，当看到樱花漫天飞舞时，其实赏樱的季节也就结束了。赏花干事的任务就是在这两周的开花期内安排一场赏樱会。日本的很多公司都保持着一年一度的赏樱会的传统，因为每年的三、四月也是公司送旧迎新的时刻，这样的活动可以使公司的新员工与老员工增加交流的机会，也可以成为体现公司文化的极佳平台。

要的小酒吧退订费。

事先备好的酒与饭菜，在赏花过程中，有时会出现份量不足的情况。此外，由于人气很旺的赏花地比较混乱，开车去时，还需要提前了解停车场的所在地点；无法确保能拥有停车位时，就必须考虑包租或搭乘公共汽车去了。

为了使赏花成功进行到底，需要预测当天的状况及可能的变化，提前做好各种准备。

首先，要确认“目的”

在做赏花的准备工作之前，确认目的也是必不可缺的。

如果是以观赏樱花为目的的话，在樱花凋谢时去赏花就没有什么意义了。如果预测到樱花会早于预定日期凋谢，那就需要将赏花日期提前的程序了。

如果除了赏花的目的，还兼有为新职员开欢迎会的目的，那么就算樱花已然在凋落，按原计划进行也不失为一种选择。如果赏花当日有下雨的征兆，就趁早改换到小酒吧举行新职员欢迎会，此时预约酒吧还是来得及的。

许多人在考虑程序时，往往倾向于优先考虑“how”（怎样做，即要做的事情、做法）的问题。当然，“怎样做”是非常重要的，但是在考虑这个问题之前，更应该引起关注的是“why”（为什么要做，即目的）。

要根据“目的”，才可决定“怎样做”，这是应有的步骤。

没有事先明确“目的”就编制程序的话，即使按照程序进行工作，也有可能得不到预期的结果。

例如，上司委托你“汇总销售额数据”时，你认定这是供上司确认时使用的资料，于是你只是将最低限度的所需数字罗列出来，制作了一份简单的资料就上交了。

可是，若上司委托你汇总的数据其实是要用于在干部会议上向管理团队进行说明，像刚才那样制作的资料可就不完整了。出于这种使用目的，你需要尽量添加上一些图和图表等，以使资料看起来明白易懂。

如上所述，如果不事先确认好目的，则不能产生预期的结果。

防止工作的遗漏

工作程序与赏花程序如出一辙。

例如，**即使都是为开会而提供的资料，是否根据目的而提前做了充分的准备，其结果也会大不相同。**

只要事先掌握好时间与地点、参会人员、议题等，即可召开会议。

然而，在当天的会议上，针对有关的提案，也有可能会出现某些成员强烈反对、争论不已的情况。

本来目的是在这一次会议上做出决策，发生争议而导致无法决策，将会给后续的进程带来极大的负面影响。

预计会发生这种情况时，需要事先与可能提出反对的人进行沟通。也就是说，提前做好准备的话，是可以防止这种事态发生的。

为了使程序得以顺利进行，一般需要具备预测前景的能力。在这里发挥作用的就是人的经验值了。

首先和最基本的是确定“why”（为什么要做，即目的）。然后，根据目的，确定“什么时间（when）、在哪里（where）、由谁（who）、做什么（what）、怎样做（how）”等，将除了“为什么”之外的4W1H准确地加以把握。

只要事先将以上这几项确认清楚，即能够以不变应万变。然而有不少人在工作的时候，甚至都没考虑过这些基本的事情。

第1章　第2讲

程序是“去除浪费”

POINT

工作由“主要工作”“附带工作”“浪费、例外工作”构成。去除浪费是程序的第一步。

将“主要工作”的时间比例实现最大化

回顾一下你日常的工作吧!

假如你是一位销售人员，从查看邮件开始，你得出席会议、制作建议书和报价单、取得预约、上门拜访客户、与客户进行商务谈判等，要做各种各样的工作吧!

那么，销售人员工作的目的是什么呢？创造“附加值”的，又究竟是哪种工作呢？

销售人员本来的工作目的是提高销售额，而与之直接相关的，就是“与客户进行商务谈判”。

用一句绝对的话来说，只要专注于商务谈判，就可以不断地提高销售额。

在丰田公司，将像这样成为附加值源泉的工作称为“主要工作”。将花费在主要工作上的时间比例实现最大化，是提高生产率的关键所在。

企业教练冈田宪三说：“在公司及部门中，要明确哪里可以创造出附加值，则在哪里实现最大化就是最终目标。”

例如，冈田宪三在丰田公司时曾亲自动手制作样品车，那时他的主要工作就是组装作业。因此，他费尽心机，将花费在样品车组装上的时间比例尽可能地达到最大化。

将工作时间分为 3 类

花费时间所做的业务，可以分为3类，除了“主要工作”之外，还有“附带工作”和“浪费、例外工作”。

“附带工作”指虽然不直接创造附加值，却是当前需要做的工作。在上述制作样品车的例子中，将制作样品车所需的零部件进行整理、分类等工作，正是附带工作。

若以销售工作为例，取得预约及制作文件、出行等均为附带工作。虽然难以完全将这些工作省掉，但是**极力缩短附带工作的时间，提高主要工作的比例，生产率也会随之提高。**

“浪费、例外工作”是指对附加值毫无贡献的工作。

在预约的间歇发呆，应对不小心犯下的错，漫无目的地在网上冲浪……都相当于此类工作。**浪费、例外工作，必须即刻努力消除。**

创造附加值的只是占全部工作一部分的主要工作。在我们的工作中，潜藏着许多不创造附加值的时间。

特别是办公室工作及企划部门的工作，个人的酌情处理权较大。用一句绝对的话来说，只要遵守交付期限，拿出相应的成果，就不太会招致周围人的抱怨。因此，工作的过程成为黑箱[①]，浪费极易在程序中发生。

总是在加班，或面临交付工作的最后期限而惊惶失措，也许正是浪费累积而导致的结果。

去除浪费，可以缩短整体的工作时间，这是提高生产率的第一步。因此，需要编制极力排除浪费的程序。

即使说“程序就是去除浪费”，也不为过。

工作时间的3种类型

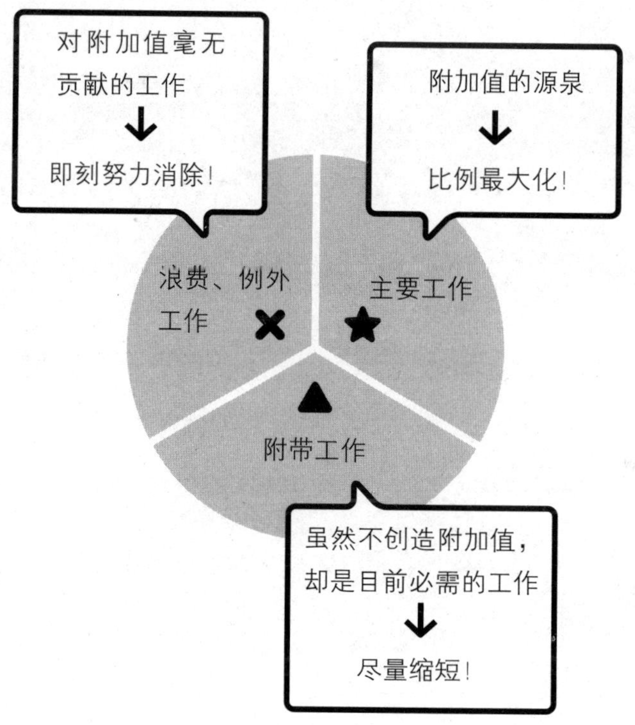

---

① 黑箱指内部构造和机理不能直接被观察的事物或系统。

然而，大多数人却无法认识到浪费实则是浪费，浪费潜藏在你认为是理所当然的行为之中。

首先，将每天花费时间所做的工作分为“主要工作”“附带工作”“浪费、例外工作”三类，从这里开始去除浪费。

再者，关于如何去除浪费，在本书的第2章会做详细的说明。

第1章　第3讲

不到最后，不要开始

POINT

“应该尽早开始工作”未必正确，到最后关头再开始也有其优点。

将工作从“纵列”变为“横列”

想要提高工作速度，该怎么做好呢?

大多数人想到的办法是缩短每一项工作的时间。如果工作是按照“A→B→ C”的顺序进行，那就分别缩短A、B、C的工作时间。当然，若在A、B、C各项工作中均存在浪费，将这些浪费去掉，也是可以缩短工作时间的。尽可能地消除工作中的浪费，缩短附带工作的时间，保证生产时间（所需时间）最短，是提高工作速度的要道。

然而，各项工作的时间的缩短毕竟是有限的。与客户进行商务谈判的时间不可能大幅度地削减，去客户所在地的出行时间的缩短也是有限的。

尽可能地将各项工作的时间缩短之后，接着应该考虑的问题，**是配合主要工作，同时进行附带工作（同步）。**

在A→B→ C的工序中，假如主要工作为C，那么A与B这两项附带工作，要与C这个主要工作同时进行。也就是说，**将工作流程从“纵列”改为“横列”。**

例如，如果销售的过程是“取得预约→制作建议书→商务谈判”，那么自己就要把时间集中花费在作为主要工作的“商务谈判”上，而将“取得预约”“制作建议书”这两项附带工作交由其他成员负责。合理分工之后，对每个客户的平均销售活动所需的时间即会变短。

在这里最重要的一点是，必须使附带工作与主要工作在时间上的步调保持一致。

以销售的例子来说，“商务谈判”开始的恰当时间，正是“取得预约”与“制作建议书”的完成时间。

但是，如果尽管特意进行了分工，却仍旧与一个人做所有工作时一样，在一项工作结束后，才由另一个人开始下一项工作（此类的事情是很常见的），那么，就失去了分工的意义，也没有实现主要工作和附带工作的同步进行。

在接近截止日期的合适时机开始工作

擅于安排程序的人，也许会给人以“较早开始工作”的印象。然而，这样做虽然可以保证按期交货，却无法吸纳最新信息以提高产品质量。

真正做出成果的人，会在最后期限决定之后，先考虑“怎样才能在接近截止期限的时候着手工作”，然后再编制程序。

在丰田公司，“精益管理”（just in time）的观念深入人心，即“以在市场上销售的速度进行生产”。也就是说，按照销售现场的速度组织生产，并不以尽量提前生产为目标。

当然，如果工作开始的时间过晚，赶不上交货期，那就是本末倒置了。尽管如此，对于工作程序而言，并不是越早开始就越好。

由企业教练冈田宪三担任培训工作的某家制造厂，正是一直重复着只要一接到任务，旋即开始工作的状况。对于交货期在一年之后的工作，也是马上开始，然而在产品设计方面，与客户进行了多次磋商，不停地改换式样，导致对产品的数次修改，最终将工作背负到了临近交货期的最后一刻才完成。

像这样无视标准生产时间，将开始工作的时间过早地提前，反而会招致工作量大幅增加。

OJT解决方案股份有限公司的森户正和对于“同步化”的问题做了如下的说明：“从汽车的规划设计开始到销售为止，需要好几年时间，然而要想抓住几年后用户的需求，几乎是不可能的。为了卖掉汽车，得到订单后再开始生产最为理想，但是实际上这也是不可能的。

“对图纸进行反复推敲，到哪里可以获取市场的最新需求及信息呢？这也关联到开始工作后，在多短的时间内就能将汽车投放市场进行销售的问题。总之，配合作为主要工作的生产时间，同步进行多个附带工作，缩短整体的生产时间成为关键所在。”

这一原则适用于任何交易性事务。

例如，在超市卖家常菜，也要预先看当天的天气，提前准备好才可以满足顾客的需求。如果一味机械地制作与前一天相同的菜，而寒潮突然来临时，也许冷配菜就会因为没人买而剩下。

在丰田公司，据说“种类是在后续工序中添加的”，**最佳方案是在销售之前预先准备好基础产品A，而在最后阶段将B、C、D等产品在短期内，按照客户的要求定制完成。**

这可以依据主要工作的完成时机，使多项附带工作同步进行来实现。

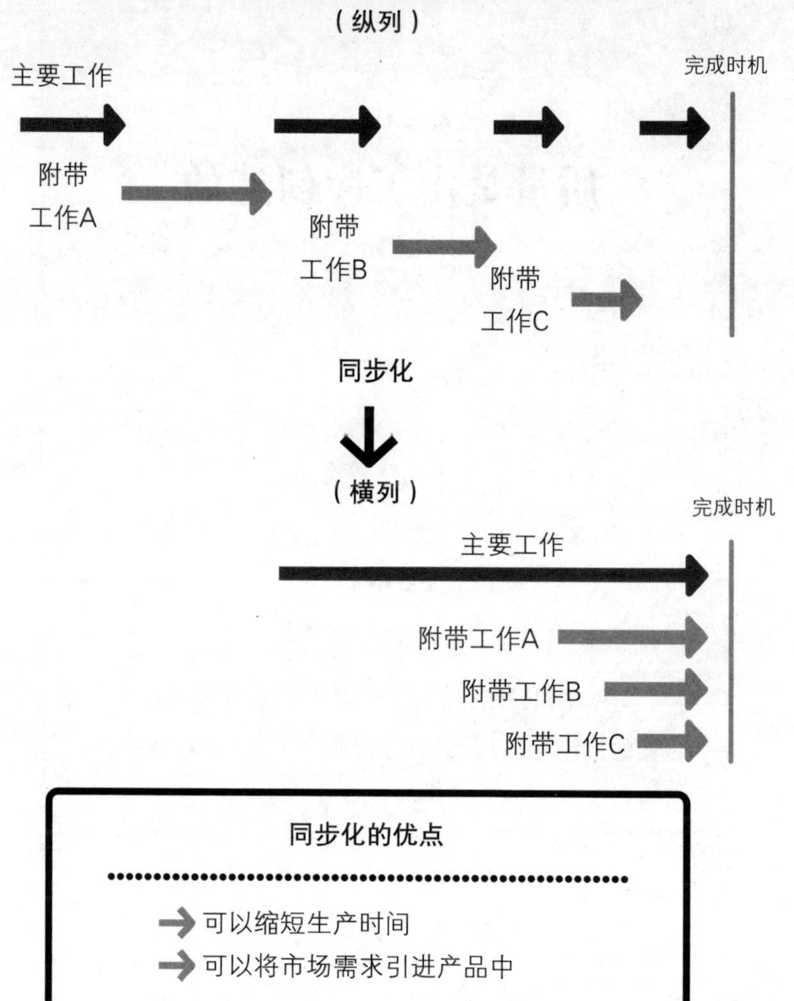

第 1 章　第 4 讲

质量是由工序创造的

POINT

在丰田公司，“后续工序就是客户”。将完美的工作交给下一道工序的人来完成，以使程序得以改善。

意识到“自工序完结”

无论是什么工作，均有为自己的工作做准备的前一道工序，和承接自己已完成工作的后一道工序。

丰田公司有一句名言：“前一道工序是神，后一道工序是客户。”如果次品流入下一道工序，则后续工序会发生故障，生产线也会停止。这不仅会给许多人带来麻烦，而且因为必须返工或修改，结果会演变成自寻烦恼。整体的工作程序也会出现巨大的障碍。

因此，在丰田公司，一定要对自己的工作质量进行自我评估，一旦质量不佳，须在那里停下工作，进行处理，确保不会有次品流入后一道工序。

这叫作“自工序完结”。在自己的工序上生产出能够确保质量的产品，努力做到不出次品。在丰田公司，“质量是由工序创造的”是使用频率很高的一句话。

OJT解决方案股份有限公司的森户正和说：“在丰田，我见过好几位全身心投入到自工序彻底完成的工厂负责人。”

有一位厂长千方百计地试图废除检查工序中的淋水测试。汽车一旦发生漏水，是非常严重的事，所以，当时的最后一道检查工序就是在车体上喷水，以检查汽车是否漏水。这样的淋水测试，无论在哪家工厂都在进行，能否将它废除，是谁也没有考虑过的事。

但是，如果各道工序均切实完成自己的工作，那么最后一道的淋水测试工序即使不做，也应该没有问题。那位厂长是这样想的，于是，他开始致力于废除淋水测试工序的实践工作。

做淋水测试，当然既费工时，又额外产生了自来水费以及为其提供的场所、设备等费用。而且，检查本身不会产生价值，淋水测试的存在，还会给予各道工序在自工序完成的质量上钻空子的可能。

说得绝对一点，如果各道工序都完全保证质量的话，有没有检查工序都无关紧要。

虽然历经波折，但是在那位厂长的领导下，举全厂之力投入到自工序完结的工作上，最后终于成功地废除了淋水测试，真正做到了“质量是由工序创造的”。

在生产工序中，工作人员要富有责任心，确保质量，只将正品流入下一道工序。通过如此的精工细作，既可以提高工作质量，也可以将次品、返工的浪费（参考第2章第8讲）消弥于无形。

工作时要考虑到“下一道工序”

自工序完结的思想，不仅仅适用于生产现场，也是对任何工作程序都适用的关键点。

例如，对于制作报告书并向上司提交的工作来说，下一道工序即为上司，在这里，上司就相当于你的“客户”。

然而，许多人在接受上司“制作一份报告书”的委托后，在未确认上司所要求的究竟是什么样的报告书（目的）的情况下，姑且先完成报告书。

结果，出于“报告书不符合我的要求”“报告书的内容与我心中所想的感觉不一致”“关键数字发生错误”等原因，报告书被上司退回，不得不重做。这样的情况是不是屡屡发生呢？

此外，在制作报价单等文件时，如果对数字、数据不加以确认、核对，就制作文件，也有可能给“下一道工序”带来恶劣的影响。上司偶尔检查时发现错误，这还好一些；如果将错误的报价单交给客户，以后则有可能发展成重大变故。

这些修改工作会产生很多时间和劳动力的浪费，成为工作按计划推进中的障碍。

因此，要按照良好的程序进行工作，需要意识到“质量是出工序创造的”。

自工序完结图

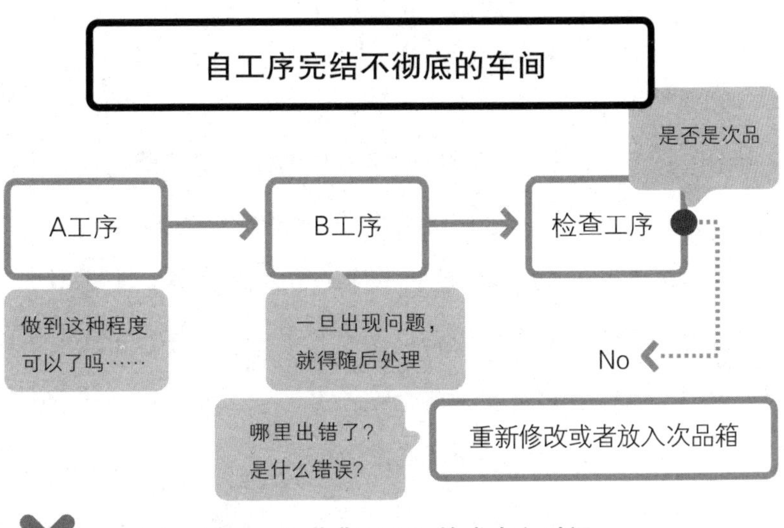

因应对错误而要花费不必要的成本和时间。

自工序完结彻底的车间

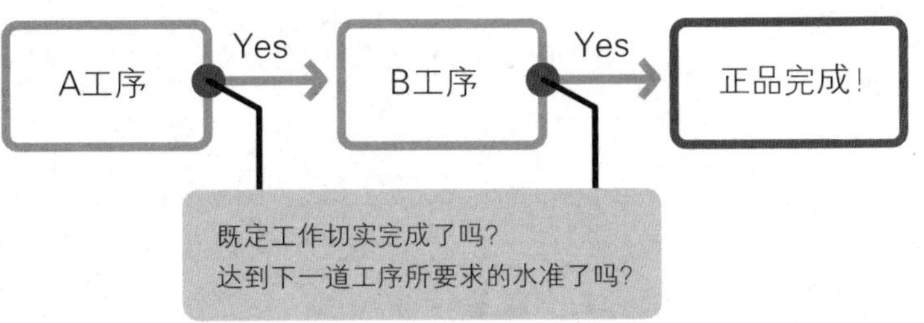

将次品、返工的浪费消弥于无形，质量也会提高。

第1章　第5讲

以“大部屋方式”共享信息

POINT

沟通顺畅也有助于程序的改善，“共享信息”成为重点。

在工厂从东日本大地震的影响中恢复时大显身手的“大部屋[1]方式”

丰田公司有一个称作“大部屋方式”的独特项目。具体来说，它是一种将开发、设计、生产技术、加工、组装等各道工序的有关人员聚集起来，共同推进一个项目的方法。

与其字面的意思一样，“大部屋方式”指在大房间里将有关人员的办公桌排列在一起进行工作，定期从各自的部门收集信息，并在工作中分享这些信息。

大部屋方式的优点之一是**可以共享信息**。在各个部门开展工作的垂直结构组织中，信息无法共享，在沟通上产生分歧等，结果不得不多次返工或修正，最终导致程序无法顺利进行，还常常引起交货延迟的事件发生。

2011年，东日本大地震发生时，生产汽车零部件的众多公司均蒙受了重大损失。其中，一家专门生产发动机控制用主要半导体之一的微控制器的制造厂的停产，更是给汽车产业带来了巨大的伤害。几乎所有的汽车制造厂均接受该公司微控制器的供应，因此各

① “大部屋”是日语的说法，其意思是“大房间”。

厂都被逼入了停产的绝境。

在这个危急关头，采取的应对方法正是丰田公司独创的大部屋方式。

地震过后，为迅速重新运转生产线，汽车制造厂与电机制造厂的负责人都聚集到该公司，专家们发起总动员，启动了工厂恢复项目。来自各家公司的有关人员共计300人，共同推进这一项目，领导则由丰田公司的一家工厂的建设部长担任。

每天早上，这300人聚集在张贴有正在进行中的项目工序表的会议室里，在共享进度状况及存在的问题等信息之后，开始工作。

这样一来，在垂直结构的组织中容易发生的地盘意识消除了，“传口信游戏”和“没听过那种事”的情况也不存在了，恢复项目进展迅速。

其结果是，尽管按原计划恢复生产需要花费一年的时间，事实上，五个月后，工厂的生产能力就恢复到了一定水平，之后更是以惊人的速度完成了恢复项目。

以大部屋方式同时推进工作

采用大部屋方式，在短期内各部门得以共享方针和信息，因此，由于缺乏沟通而造成的错误减少了。

而且，由于彼此都能够看到对方正在做什么样的工作，在追求怎样的工作目标，工作质量和工作速度两方面均得到了提高。

后一道工序的人可以确认前一道工序的人的工作进展状况，同时能够预知“自己应该到什么时间为止，做好何种准备”。其结果是，可以提前准备，同步推动事项的进展，因而使缩短生产时间成为可能。

相对地，前一道工序的人也很容易确认后一道工序的人对自己的工作要求，因此，返工与修改发生的风险降低。

在各道工序都看不到对方的情形、互相分开进行工作时，这是做不到的。

除了丰田公司以外，采用类似于大部屋方式的风格的公司也不在少数。

例如，涉及全公司范围的大型项目，也许会从各部门抽调人员集中，同时开展工作。可是，如果仅仅是形式上的集中，信息共享不充分的情况会时有发生。好不容易建立起横向组织，却没有信息共享机制，是毫无意义的。

大型项目中，将办公桌临时从原部门移过来，与其他部门的成员的办公桌排列在一起。只要坐在一起，其他部门在考虑什么，采用什么样的工作方法，都可以看得见，也能够自然而然地寻求沟通。

即使办公桌并没有排列在同一个房间内，只要每天采取定时集合等方式，给大家提供分享信息的机会，也能够实现大部屋方式的优点。

企业教练冈田宪三说：“在丰田时代，曾有一种叫作‘夕阳市场’的活动。”“为了各部门可以按照日程推进工作，需要定期确认‘截至什么时间，什么工作应该完成’。因为在最后期限到来之时，再出现问题，就来不及修改了。于是，在大部屋方式下，有关人员在傍晚时分进行集合。人们像赶傍晚的市场一样聚集在一起，所以这被称为‘夕阳市场’。在那时，人们汇报发生的问题，商量对策，因而得以提前掌握并解决问题。”

遵照良好的程序顺利结束工作的秘诀之一是“工作的同步化”。只要各个工序及部门同时进行自己应该做的工作，就能够缩短交货期。

然而，要实现同步化，必须使全部工作的步调一致。只要一道工序发生问题，无法按原计划进行，就会给整体工作带来影响。在推进工作同步化的意义上，基于大部屋方式的信息共享是非常行之有效的方法。

通过CC（抄送）邮件共享信息

大部屋方式，同样可以应用在个人工作的推进上。

几乎任何一项工作都不可能凭借一人之力完成，一定会有前一道工序和后一道工序，有许多相关人员为了同一个目的而参与其中。

只要有两个以上的相关人员一同推进工作，即可灵活运用CC

邮件等方式，共享日程和工作内容等信息。

例如，如果前一道工序上的人A的工作没有结束，后一道工序上的人B就无法开始工作，这时通过CC邮件，可以相互掌握对方的工作内容和日程安排，后一道工序上的人B也能够据此而提前做出准备。

此外，由于共享信息，前一道工序上的人A在工作时会想到下一道工序上的人B。他会想："如果自己的工作进展比标准慢了，势必会减少下一道工序上人的工作时间，所以我必须按照原计划完成。""为了使下一道工序上的人做起来容易一些，我先在这里做好。"这样一来，A的工作质量也就提高了。

如果前一道工序上的人A、后一道工序上的人B是各自独立完成工作的，他们的联系只凭一句"请在×月×日之前，完成这项工作"，则不会产生以上的想法吧！通过尽可能地共享信息，可以使工作顺利进行。

不过，目的不明确的"姑且先发送邮件"的CC行为是极不负责任的。在发送邮件之后，一定要有后续的跟进动作。

大部屋方式图

一般工作流程
看不到前后工序
企划开发部
设计部
制造部
系统部
营业部
之前的工序结束之后，才着手自己的工序
组织是纵向结构
大部屋方式的工作流程
企划开发部
设计部
制造部
系统部
营业部
沟通活跃
可看到彼此的工作
共享信息
彻底的方针
缩短交货期

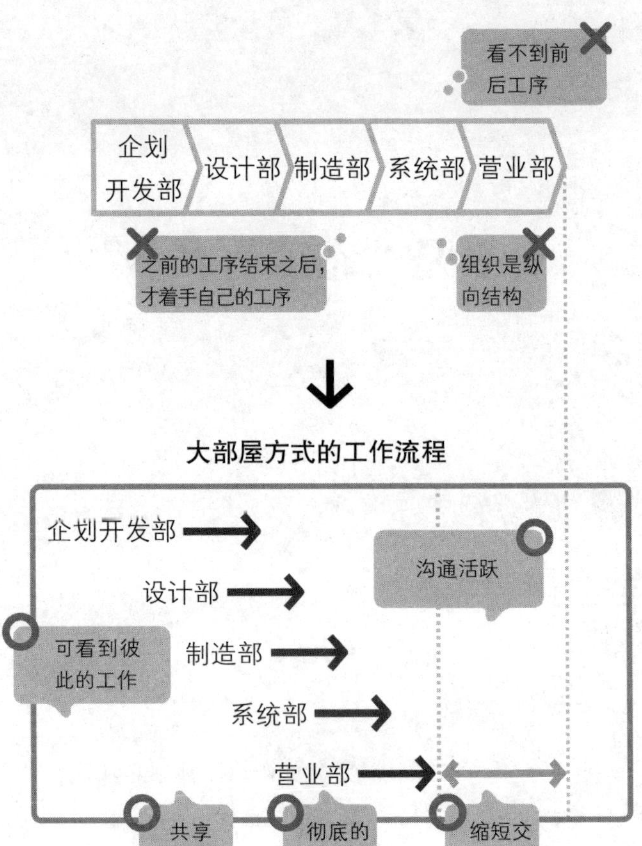

第 1 章　第 6 讲

计划是“态度的表示”

POINT

脑海中描绘的计划犹如画饼。计划必须让大家都“可以看到”，并互相分享。

无法按计划进行，原因何在？

为了按照程序顺利地推进工作，还需要制订“计划”。

任何工作都会有“×月×日之前交货”这样一个明确的最后期限。根据截止日期，挑选出该做的工作，组织日程安排。

在丰田公司的生产现场，当开发一种新的车型时，要以销售为目标，制作一份“大型日程计划”。假如决定一年半之后实施产品的更新换代，则将以此为目标的全部日程表写在一张纸上，在现场共享。

以这个大型日程计划为基准，开发、设计、生产技术、车身、组装、机械等部门订立各自的“中型日程计划”，再落实到月、周日程表上。

即使做法有所不同，大多数现场大体上都会遵循在制订大型日程计划之后，各部门再订立中型日程计划这样一个流程。

然而，一般来说，即使费心制订了计划，按照计划执行的情况却几乎不存在。大体上总会发生什么问题或麻烦，而导致日程延迟，使整体日程表向后推延。

为什么会出现这种状况呢？

如果不共享进度，就毫无意义

企业教练真中贞夫说：“日程表延迟的原因之一，在于没有共享进度。”

计划虽然在工作开始之前就制订好了，但最终却成为画饼的情况不在少数。例如，已制订好了大型日程计划，各部门也委托各自的人员制订了中型日程计划，然而员工们并没有掌握“现在该做什么工作”，在“是在按照日程表进展吗”的疑惑中，时间流逝而去。上司即使心中产生疑问：“有没有问题呀？”如果从下属那里得到报告说“正在加油干呢”，便轻易地相信了。

然而，人们希望隐瞒问题和麻烦的心理在其中起着坏作用。最后期限来到眼前时，哭着百般央求：“到底还是来不及了，希望将日程表推后一周。”结果也殃及了做后一道工序的自己，恐怕你也有过这样的经历吧！

在丰田公司，强调要让大家随时可见“工作进度的快与慢”。采取某种形式使每个人均可看到工作的进展状况，这是非常重要的。丰田公司为了让员工可以一眼看到各道工序正处于一种什么样的状态，便将这些状况全部汇总在一张巨大的纸上面，再张贴于墙壁上。

如此一来，控制整体计划的管理人员也能够把握各部门的现状，对工作进度的管理也变得容易多了。

将计划置于众目睽睽之下，对于执行计划的人来说，即成为“到什么时间为止交工”的态度的表示。自己当众表过态的事是不能轻易作废不算数的。此外，根据工作进展的状况，上司也会询问：“进度似乎慢了一点，发生什么事了吗？”计划执行者随后便可以跟进。

第 1 章　第 7 讲

制订计划时，要明确焦点问题

POINT

计划的作用，不仅限于管理日程，还可以明确焦点问题，提高工作质量。

明确焦点问题是成功的关键

企业教练真中贞夫说：“计划不能按照日程表进行，还有另外一个原因。”那就是**无视焦点问题**。

进度延迟，一定存在着某些问题，如时间不够、人手不足、技术不熟练、有关人员及客户的工作比规定的时间推迟了等，其原因会是多种多样的吧！

但是，在进度延迟的现场，却会对这些问题掉以轻心。这既有原本没看到存在的问题，其后才察觉到的情况，也有看见了却装作没看见，置之不理的情形。还有些人没把这些问题当回事，以为“船到桥头自然直，总会有办法的”，而大多数情况下，这些问题却并非无关紧要。

因此，在制订计划的同时，应该事先明确阻碍计划达成的焦点问题。

真中贞夫在现场指导成员们制订项目计划时说：“不仅要编制日程表，而且一定要彻底明确焦点问题。”

“每个部门在制订中型日程计划时，如果存在人手不足、设备不够之类的问题，大家一起考虑之后，可以在纸上写出来共享。只要焦点问题明确了，便可以让现场及有关人员都介入，为这些问题提出解决方案和挽救之法。这样，将问题一个一个地消灭掉，中型日程计划延迟的风险自然会减小。”

明确焦点问题的时候，在现场的人会将自己深感为难之事及“真的可以顺利进行下去吗？”之类的担心的话全部倾吐出来。如果认为“没有什么大不了的事”“一旦将这种话说出来，会使别人生气的”，而把问题搁置一旁，以后反而会导致极大的麻烦。

不过，在倾吐出焦点问题之时，由于提出的问题是要大家集中精力去解决的，所以需要设法保证发言人不会遭受非议。

对于标注出的焦点问题，**最重要的是一定要决定“什么时间，由谁，做什么”**。为了不把问题搁置一旁，如果不确定好日程、负责人和有效的对策，是很难解决问题的。当然，检查这些问题是否已经得到了解决，也是非常重要的。

不仅要列举出“应该做的事情”，还要列举出焦点问题

“信息共享”“明确焦点问题”不仅适用于生产现场，对于办公室制订工作计划来说也是一种非常有效的思考方法。

特别是销售和规划、事务等工作只关注成果，无法像生产现场那样有确定的、工序严密的工作。

例如，虽然确定了应推出的成果与截止日期，但关于如何推进

工作而制订出具体计划的情况并不多见。也许只有个人动动脑筋，觉得“工作如果这样推进的话，估计没问题”之类的计划。把计划写在纸上，然后在部门中共享，这种情况在现实中几乎不存在。

计划等创造性工作做得越多，越有只制订粗略计划的倾向，其中也许还有连明确的截止日期都未决定的情况。

然而，无论做什么工作，必定都要输出成果，从输出成果的日期开始倒计时的计划是需要制订的。

根据工作的交付日期及性质，分成以一个月为单位、以一周为单位等大的时间段也没关系，最重要的是预先确定好“到什么时间为止，做什么，要做到何种程度”。

或许也有亲身实践的人，在制订计划时，只要事先明确“人手不足”“得忙于其他工作”等计划推进上存在的问题，即可以找到日程表延迟的原因，从而想出解决这些问题的方案。

最要不得的是，抱着“走一步看一步，总会有办法的”这种半途而废的心理开始工作。不关注焦点问题，盲目地推进工作，必定会在存在问题的地方受挫，而导致日程推迟。

在要做的工作一览表中，虽然将应该做的事标注出来也是非常重要的，但是这样一来，却极易转化为只对该做的事是否已经完成的“进度检查”，从而草草收场。**只要阻碍日程表顺利进行的问题尚未消除，工作就无法按照计划推进。**

首先，以轻松的心情安排日程，将自己的工作中存在的问题写在纸上。

从“有不顺利的事吗？”“没有可担心的事吗？”“经常需要

将计划和焦点问题视为一组考虑

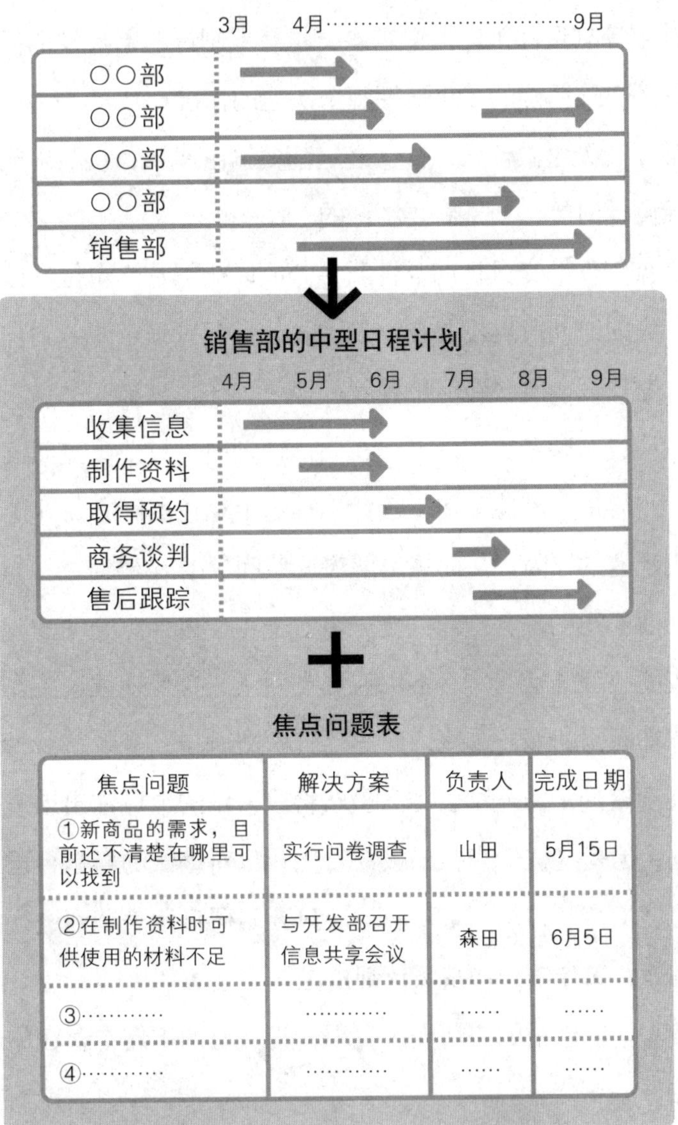

焦点问题	解决方案	负责人	完成日期
①新商品的需求，目前还不清楚在哪里可以找到	实行问卷调查	山田	5月15日
②在制作资料时可供使用的材料不足	与开发部召开信息共享会议	森田	6月5日
③…………	…………	……	……
④…………	…………	……	……

花费较多时间的事情是什么？”之类的角度出发，即使是很小的事情也没有关系，将这些问题全部写出来。

另外，不只是自己，前辈及同事等周围的人也可以参与其中，组成头脑风暴，这样你会发现更多不足之处。

当众公布自己做不到的事情，好像是坦白自己没有能力似的，心里或许会有所抵触。但是与之相比，无视存在的问题，而导致工作无法按照计划进行下去，更会给周围的人带来巨大的恶劣影响。

在提出焦点问题时，不可考虑“应对之策”

有的人说：“我不知道什么是问题。”说这种话的人，有与问题一同思考对策的可能性。

“想要解决问题，可因为需要花钱，所以……”“以前也用某某方法试图解决过，可是却不行。”不容分说地加以驳斥，结果使存在的问题不被当作问题来看待。

例如，对于已对每天加班习以为常的人来说，连加班是个问题都不会去想了。但是，加班日常化，必定有成为其原因的问题存在。如果将加班当作问题来认识，则可以研究“将工作分工给别人”“雇用临时工”“去除不太重要的工作”等解决方案。

先明确要解决哪些问题、怎样解决，随后进行选择取舍即可。

首先明确焦点问题是按照程序顺利推进工作的重中之重，这一点一定要事先掌握好。

CHAPTER 2 从去除“7种浪费”开始

第2章　第1讲

去除“7种浪费”带来可观利润

POINT

去除浪费直接关系到程序的改善。从浪费中可以挖掘到宝藏，有利于更好地工作。

120 分钟的工作，9 分钟就完成了！

如第1章所述，在研究程序方面，去除浪费是很重要的。在丰田公司，有一种称作“7种浪费”的思考方法，按照在工作中发现的浪费的不同角度，共总结出7种浪费。

据说，在生产现场，“生产过剩的浪费”的危害是最大的。不过，考虑到在办公室工作中的应用，下面我们采取了与在生产现场不同的顺序介绍这7种浪费。

① 观望的浪费

② 加工的浪费

③ 库存的浪费

④ 动作的浪费

⑤ 搬运的浪费

⑥ 生产过剩的浪费

⑦ 次品返工的浪费

早已习惯于在丰田公司的生产现场、从“7种浪费”的角度改善日常工作的企业教练们，一进入一般企业的指导现场，均会异口同声地说：“这里应该改善的浪费，像一座等待开发的藏宝之山。”

在企业教练池田一美培训的一家工厂里，某道工序上的模具交换需要花费120分钟。

面对这种情况，池田一美着手解决“搬运的浪费”（不产生附加值的行走及搬动物品），从而使工作人员不需要在现场来回走动，而是“一气呵成地不间断”地工作；同时，为防止发生“观望的浪费”（暂时什么也做不了的状态），改进为由两人以上的操作人员同时推进工作。

于是，原本要花费120分钟完成的工作，自那以后只需15分钟就完成了。此后对此不断地改善，据说半年后就达到了9分钟完成这项工作。

即使是每天习以为常的工作，如果从“7种浪费”的观点出发重新审视，也能发现许多浪费。

从下一讲开始，我们将对“7种浪费”逐一进行讲解。

去除“7种浪费”

1 观望的浪费

指操作人员想继续下面的工作，却无法进行，暂时什么也无法做的状态。例如前一道工序的数据汇总延迟，致使本道工序的计划书的制作无法开始进行，等等。

2 加工的浪费

指对于生产（工序的进度）和质量（加工产品的精度）没有任何贡献的没必要的加工。是只限于公司内部的相关资料，如精心制作的动画片和装饰资料等。

3 库存的浪费

指超出需要的成品、零部件、材料等。对于办公室工作而言，是指文具、文件、资料等。

4 动作的浪费

指不产生附加值的动作。如为取零部件而蹲下、为拿到资料而伸出手等动作。

5 搬运的浪费

指不产生附加值的来回走动、搬运东西，及信息的流动等。如在座位与复印机之间多次往返，以及尽管没必要，却多次向上司确认信息，等等。

6 生产过剩的浪费

指生产的产品的数量超出了需求量，或者过早地将产品生产出来，与顾客发生需求的时机不符。如根据详细资料，制作3个产品即可，却做了10个产品。

7 次品返工的浪费

指不得不废弃的产品、需要重做或修改的工作。如犯了和一周前同样的错误。

第2章　第2讲

消除“等待”——杜绝“观望的浪费”

POINT

在等待进行下一项工作的时间里，创造不出任何东西。需要开发出将观望的时间消除掉的程序。

想继续下面的工作，却无法进行……

“7种浪费”的思考方法是丰田公司在产品制造的工序中，以去除浪费、改善工作为目的而使用的方法。不过，在办公室工作中，发现日常工作中的浪费，以使工作可以按照程序顺利地进行下去，使用“7种浪费”的思考方法也是相当有效的。

“观望的浪费”是**指工作人员想继续下面的工作，却无法进行，而暂时处于什么也无法做的状态。**

在生产现场，处于下列状态时，会产生“观望的浪费”。

· 在同一条生产线上作业时，前一道工序上的产品迟迟不到来。

· 设备因发生故障而暂停。

· 由于材料短缺，下一步的工作无法进行。

· 工作人员过多，因而出现了一些暂时没被安排工作的人。

同样的情况，在办公室工作中是不是也很常见呢？

生产现场的设备多，而办公室中工作人员多，因此，此类情况发生的频率可能会更高。

例如，在急需资料时，才委托下属制作，那么，在资料完成之前，自己所处的就是观望的状态。在这种情况下，不仅产生了“观望的浪费”，而且在日程表安排得比较紧张时，还可能出现赶不上交付期的风险。

此时最重要的是，**要意识到整体的工作日程表的安排，与做前一道工序的下属事先确认好剩余的生产时间。**也就是说，在文件制作上所花费的时间及工作进度等，均要提前与下属协商一致，以达到密切配合。

只有这样，下属才可以在最合适的时机开始工作，能够有效地防范交付延迟的风险。

此外，假如可以事先了解前一道工序的生产时间，明白在此期间自己会发生观望等待的情形，则可以先进行别的工作。这样即可配合其他工作的时间，像拼图似的制订自己的工作计划，使时间得到有效的利用。

用“多台操作”的方式，有效利用观望的时间

为了消除“观望的浪费”，不要将工作当作独立的个体来看待，要从工作的整体角度出发进行考虑，这一点是非常重要的。

在生产现场，有一种工作人员负责两台以上的机器，即“多台操作”的思维方式。即使在生产线处于运行状态时，也并不总

缩短观望的时间

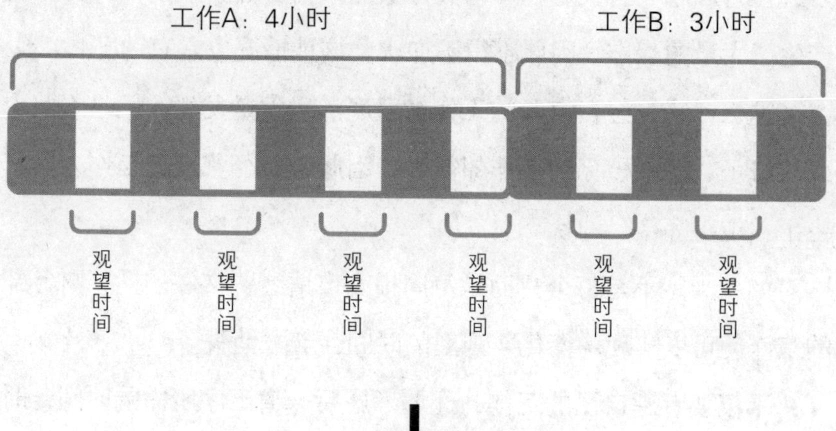

“多台操作”概念的灵活应用

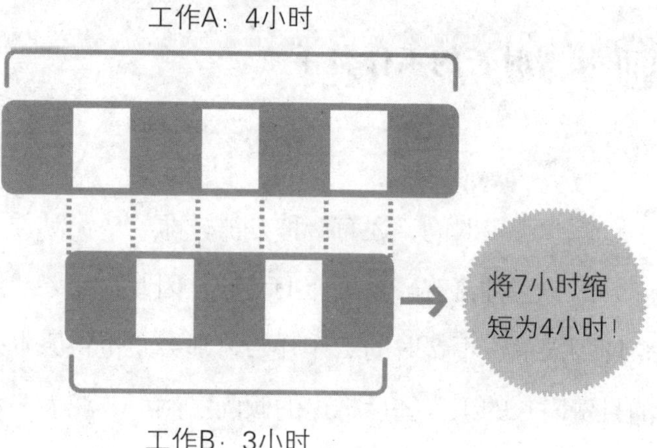

预定的时间才能做完这种工作。

例如，将真正重要的工作——制作计划书推迟，最终超过了截止日期，会导致后一道工序的人产生观望时间。为了使团队协作顺利推进，必须避免“观望的浪费”。

尽管也要保持交付期与截止日期的均衡，**但是从费时长的工作着手是最基本的。**

例如，如果整体工作时间为2小时，那就首先完成耗时1.5小时的工作，在剩下的30分钟时间里，再将短时间内即可完成的工作一个一个地搞定。只要交付期有富余，短时间内可以完成的工作，即使在这30分钟之内完成不了，也可以抽别的短暂的空隙时间做完。

像这样预留一些短时间内可完成的工作，当意想不到的观望时间产生时，既可用于完成这些工作，也可打发空闲的时间。

第2章　第3讲

共享工作目的——杜绝“加工的浪费”

POINT

你正在进行原本可以不做的、无用的工作吗？这种“加工的浪费”，潜藏于我们的日常工作中。

什么是“加工的浪费”？

“加工的浪费”也是丰田要彻底消除的7种浪费之一。

它是指对于生产（工序的进度）和质量（加工产品的精度）不做任何贡献的没必要的加工。它不影响原工作的完成度，换句话说就是指无用的工作。

在加工工作中，含有一些多余的工序和动作。例如，在切削材料时，在材料的边角上会出现一些突起的地方，叫作“毛刺”，而去除毛刺的工序，即可认为是“加工的浪费”。

这里的重点是曾在第1章讲述过的“共享工作目的”。因为“加工的浪费”，有很多是在没有共享工作目的的情况下发生的。

举一个身边的例子来说明吧！

你在从公司回家的途中，收到了妻子托付你“买几个长面包带回来”的短讯，于是你顺路进了超市。

不凑巧的是，长面包卖完了。于是，你出于“同样都是面包，而且孩子也喜欢吃”的考虑，转而买了蜜瓜包回家了。

妻子看到后发怒了：“不是长面包，这下可难办了！”因为长面包原计划要用于制作孩子第二天去郊游时带的三明治。考虑到这个目的，去买蜜瓜包这一行为当然就是浪费。

如果二人共享了“制作三明治”这一目的，应该不会发生这种“加工的浪费”。

目的不同，资料的制作方法也要随之改变

同样的事情在工作中也经常发生。

例如，在制作资料时，精心制作版面设计及动画等讲究外表美观的人不在少数。在与对手竞争时，资料给人的第一印象起着决定性作用，在这样的情况下，资料的美观当然是很重要的。

然而，如果是只面对公司内相关人员的资料，则整理出要点，简单制作就足够了。

如果未确认清楚所做的资料是为了什么样的目的而使用的，而制作了外表精美的资料，那就是极大的“加工的浪费”。用浅显易懂的话来说，就是“做过头了”。因为要制作出一份精美且易懂的资料，既费时间，又费功夫。

因此，在开始工作之前，确认“目的是什么”是非常重要的。

事先确认好“关键点”

与先确认好目的一样，“关键点”也需要事先向委托人确认。

例如，为了追求100%的完美度，从而导致交付期延迟的情况时有发生。如果是能够影响公司业绩的大型议案，则需要提高计划书和资料的完美程度；然而，如果是会议记录那样的文件，是否完美就不太重要了。整理会议记录的主要目的是及时上报讨论要点，因此，如果在会议召开一周之后，才将记载每个人发言内容的会议记录提交上去，也无需对之做任何评论了。

像这种情况，不需要尽善尽美地做，出最小的力高效率地完成即可。也就是说，此时要求的是速度，而非完美的程度。

通过事先确认好“这项工作的目的是什么”“关键点是什么”，便能够防止产生“加工的浪费”。

确定工作“标准”

即使是同样的工作，A花1小时就完成了，B却耗时3小时才完成，而且工作质量还比不上A，这种事情是常有的。

造成这种差距，虽有能力及经验不足的缘由，比别人耗时多或者工作质量差，也有可能是因为工作方式本身产生了浪费。

例如，一项工作要求“汇总关于××行业现状的资料”，由于A知道高效率收集行业信息的网站，1小时便汇总完毕；B却并不知道存在这样的网站，他查阅书籍、搜索网络等，花费了3小时才完成。

如果将A的工作方式与B共享，那么B不是也可以用1小时就完成工作了吗?

丰田公司有一个“标准”工作方式，简单来讲，即指各项工作的方式及条件都“照这样制作”的规定。换句话说，就是“无论由谁做，都可以做出同样东西的一种机制”。

对于办公室工作而言，如果公司职员共享“标准”工作方式，那么谁都能够在不浪费时间的情况下，完成一定水平的工作。

用刚才的例子来说，如果存在“汇总关于××行业现状的资料时，使用这个信息源”之类的标准，B也能够和A一样，以同样的速度、同样的质量完成工作。

第2章　第4讲

不可令工作产生“库存”——杜绝“库存的浪费”

POINT

在生产现场，库存是成本；而在办公室工作中，积存的工作相当于库存。

工作的“库存”会给下一道工序的完成增加难度

在丰田公司，“精益管理”的思想深入人心。“精益管理”即“在存在需求期间，按照所需要的量来制造所需的产品，不负担多余库存”的思维模式。

因此，**在丰田公司，只要有多余的东西，均会被看作“库存的浪费”，而成为削减的对象。**“库存的浪费”也是7种浪费之一。

“库存的浪费”是指在生产现场，将多余的成品、零部件、材料等存储于仓库等地，而不马上使用。库存本身不产生利润，而为了存储与管理库存，却必需额外的成本。因此，尽可能地消灭库存，能够创造利润。

在生产现场，库存以可见的形式存在，所以是显而易见的；而对于在办公室工作的人来说，库存却是很难看到的，这就比较棘手了。

对于在办公室工作的人来说，库存之一是应该做的工作积压成堆，没完没了。

应该做的工作太多了，无从下手，即使想做，也因为没有时间，而维持原有的状态……像这样，手头一直有工作要做的人不在少数。

然而，如果始终出不了成果，工作停滞不前，会给必须利用该成果进行工作的下一道工序的人带来困惑，致使日程表延迟下去。

例如，如果A的工作完不成，则B的工作无法开始。在这样的情况下，A的工作作为库存，积压的时间越长，整体日程表越向后延迟。

顺利传递审批文件的诀窍

有些管理人员持这样的观点——“在之后集中裁决，工作效率会更高。”于是他们将供传阅的审批文件等暂且存放起来。

对本人来说，也许这是合乎道理的。然而，只要该人的审批意见下不来，则文件不能传递到下一位审批人的手中，对于一直等待着该审批项目的人们来说，会浪费掉相当多的时间。

从这一意义上来讲，不积压工作，把工作立即传递给下一道工序是非常重要的。如此一来，日程管理也能顺利进行下去。

要使审批文件顺利地传递下去，如果有每道工序都不积存而依次传递的机制就好了。

这是从关注个人转而放眼整体的工作方式。

例如，**在批准栏里填写“送交下一位审批人的日期”**。这样，已收到文件的审批人，文件在手边停留的时间便一目了然，自然会产生尽早传递给下一位的想法。

积压邮件也是“浪费”

不回复邮件、置之不理也是“库存的浪费”。

尤其是在当今的商务活动中，邮件作为联系方式起着重要的作用。因此，给对方回复邮件越晚，工作程序越容易出问题，从而影响到日程安排。

一收到邮件即立刻回复，固然有降低效率的弊端。但是，利用离开公司外出时等空闲时间，尽量不厌其烦地回复邮件，或者在一天中定时回复几次邮件，这些方法都非常重要。

建议你在日常工作中给自己定一个清理、整理邮件的规则。

没有一定之规的人，当收件箱被邮件塞满、积压很多时，有可能会错过重要的邮件，或者忘记回复等，而招致双方发生纠纷之类。

例如，将邮件分到以下4种文件夹内是一个方法：

① 删除

② 暂存

③ 按业务类别分

④ 收信

①“删除”文件夹中，可存放邮件杂志及公司内部联系事项、对自己无直接影响的CC邮件等，过目一次即可移动到此文件夹内。

②“暂存”文件夹中，可存放虽然已经处理过一次，但如果删除的话还有点儿不放心的邮件。对删除邮件感到心里不安的人，可以创建一个这样的文件夹。不过，需要制定这样的规则：一旦过了一个月，立即将此文件夹中的邮件移动到“删除”文件夹中去。

③“按业务类别分”文件夹中，可存放与客户业务相关的内容，将处理后仍需要保存的邮件移到这个文件夹里。可以“按业务类别分”或“按不同的客户分”，制作几种。

④“收信”文件夹中，可以存放不能马上处理的邮件。使用这个方法，明确尚未处理完毕的邮件，则能够有效地防止忘记回复之类的事故发生。

第2章　第5讲

别浪费触手可及的“黄金地带”——杜绝“动作的浪费”

POINT

办公室工作中也存在着许多浪费的动作。首先，从身边开始清理吧！

在触手可及的范围内，只要有需要的东西，则不存在浪费

“动作的浪费”也属于7种浪费之一。

它是**指不产生附加值的动作。**

例如，在生产线上，每次拿取某个零部件，都要做蹲下的动作。此时，蹲下这一行为，即可以说是浪费的动作。

因为，只要将零部件放在不必蹲下也能够得着的位置，即可缩短工作时间，也可以减轻工作人员的身体负担。

在生产现场，有一种叫作“动作经济”的思维模式。这是为了提高生产效率而对工作者的动作的研究，是可以有效利用在重复作业多的工作中的一种思维模式。

对于工厂的工作人员来说，如果作业时有需要使用的零部件，那么将这些东西放置在触手可及的范围内，是最为理想的。对于操作人员来说，最没有负担、最高效率的操作，正是在触手可及的范围内。

此外，频繁使用的东西，要放置在不必伸长胳膊即可取到的地方。这样，能进一步减轻作业人员的负担。

可以一边在心里想着这些事，一边决定将什么东西放在什么位

置上。

在OJT解决方案股份有限公司致力于人材培养和现场生产形式智能化的企业教练冈内彩说：**“动作的浪费潜藏在日常生活的各个方面。”**

“得心应手地制作出许多种类饭菜的诀窍，就在于程序。制作饭菜时使用的食材及餐具，如果每次用到时，都得从冰箱里或架子上取出来，即会产生‘动作的浪费’。如果在开始做菜之前，即将食材及餐具取出来，放到触手可及的地方备用，则能够以最低限度的动作，将饭菜做完。类似于这样的‘动作的浪费’，在办公室工作中也是频繁发生的。”冈内彩说。

放置物品时要兼顾以最少的动作完成

杜绝“动作的浪费”，也是极有效的优化办公室工作程序的方式。

例如，办公桌周围的清理、整理。

办公桌上文件堆积如山、无法马上取出所需文件时，寻找该文件的动作是在浪费时间。此外，频繁使用的资料和文件不放在手边，要专门去远离办公桌的书柜那里去取，这也是一种浪费。

经常使用的文件要能够立即取出来，要预先放置在近在手边的“黄金地带”；而不怎么使用的文件可以放置在稍远的地方。这样，即可省却浪费的动作。

不过，这个黄金地带，尽管是可以使“动作的浪费”降为最低限度的区域，却常常有被不需要的文件占据的情况。

要设法在放置物品时兼顾以最少的动作完成，也就是说，清理、整理是减少“动作的浪费”的秘诀。

清理、整理的要点

进行清理、整理时，最基本的要点有两个。

① 清理=把物品分为“需要的东西”和“不需要的东西”，再将“不需要的东西”丢掉

② 整理=努力做到使“需要的东西”可以在“需要的时间内”取出“需要的量”

首先，不需要的东西不要放置在办公室内。已经完成的工作的相关资料以及考虑到“或许什么时候会用到吧”而一直保存的资料，如果扔掉也没有多大关系的话，那么就下决心扔掉吧！

清理完毕后，在使需要的东西便于取出的前提下，固定好物品的位置，然后进行整理。

使用频率高的文件及文具，为了方便取出，将它们放在办公桌上面或者收进最上层的抽屉里；使用完毕后，再放回原来的地方。

只要固定好物品的位置，就不会杂乱无章，也不会发生到处乱找之类的浪费的动作。

即使只对自己周边的事物进行清理、整理，也可以去除“动作的浪费”，从而顺利地推进工作。

此外，更多清理、整理的要点，请参考拙著《丰田高效工作法》一书。

第2章　第6讲

以“一气呵成”的方式工作——杜绝“搬运的浪费”

POINT

正如在生产现场存有“搬运的浪费”一样，在办公室工作中，在步行、移动和信息流动时也存在着浪费。

何谓“搬运的浪费”？

工作中需要频繁使用复印机，可是复印机却放置在离办公桌较远的位置上，复印时须来回好几趟……

为了尽快请上司检查文件，离开自己的座位去寻找上司，因此在办公室中东奔西跑……

现在，将这本书合上，闭上眼睛，想象一下大家在办公室工作的场景。类似这样的景象一定会浮现在你的脑海中：**步行、搬运东西、信息流动……**

这些动作本身均不会产生附加值，因而，将它们看作“搬运的浪费”。

在生产现场，为了避免“搬运的浪费”，要有计划地在工作现场的布局和备件的配置等方面多花点心思。

例如，取东西时将需要的物品一次性全部取齐，以及采用“一气呵成”的布局，等等，都是减少“搬运的浪费”的方法。

企业教练尾崎十朗在对一家零售商店做指导时发现，在店铺的后院（存放商品的仓库）也“发生了搬运的浪费”。

“尽管采购的商品源源不断地运入后院，却并没有制订入库存放的规则。经常进出的商品却放置在仓库的最里面，不知道要拿取的商品放在哪儿等情况时有发生，店员们处于东奔西跑的忙碌状态。

“因此，作为改善方案，确定了一位负责人，将进入后院的商品按照一定的规则做了分类。于是，各种商品的存放位置变得非常清晰，再也没有店员们为了找寻商品而到处乱转的情况了。”

在办公室工作中，为了尽可能地避免“搬运的浪费”，也必须重新审视自己的日常工作。

例如，一想起什么事情，就马上离开座位，多次来来回回；去取一份拷贝资料，返回后又去其他部门取文件，回到座位上后又站起来去倒咖啡……类似这样，重复多次从座位上站起、返回的情况不在少数。

也许你也在无意识地重复这些动作，因此，要重新审视一下自己的日常行为了。

改进的要点在于，在离开座位时，要选择一次可以完成两件以上事情的最短路线。减少移动是非常重要的。

销售人员的出行本身不产生附加值

出行多的销售工作也极易产生“搬运的浪费”。

一天中要拜访两个以上客户时，制订尽可能减少出行时间的程序是非常重要的。

例如，办公地点位于东京市内，要拜访A、B、C三家客户时，如果按照上午拜访千叶县的A公司，下午拜访东京市的B公司，傍晚拜访千叶县的C公司这样的顺序编制日程表，则要在东京市与千叶县之间往返两次，造成了时间上的浪费。

按照先拜访千叶县的A公司与C公司，再拜访东京市的B公司的顺序编制程序，就可以减少出行时间的浪费。

在出行时间里不产生附加值，因此尽可能地缩短这段时间是很重要的。

如果能够缩短出行时间，则能多出时间来访问其他的客户，从而提高了生产率。

另外，当并非个人销售，而是部门全体人员协调进行销售工作时，可以考虑采用其他的解决方案。

例如，不按商品的种类划分业务范围，而是分地区设置负责人员；或者在业务形式多种多样的情况下，统一进行搬运的业务。这些方案在移动距离长、“搬运的浪费”较多的情况下，非常有效。

如果销售人员也采用“一气呵成”的方式出行，就不会产生浪费

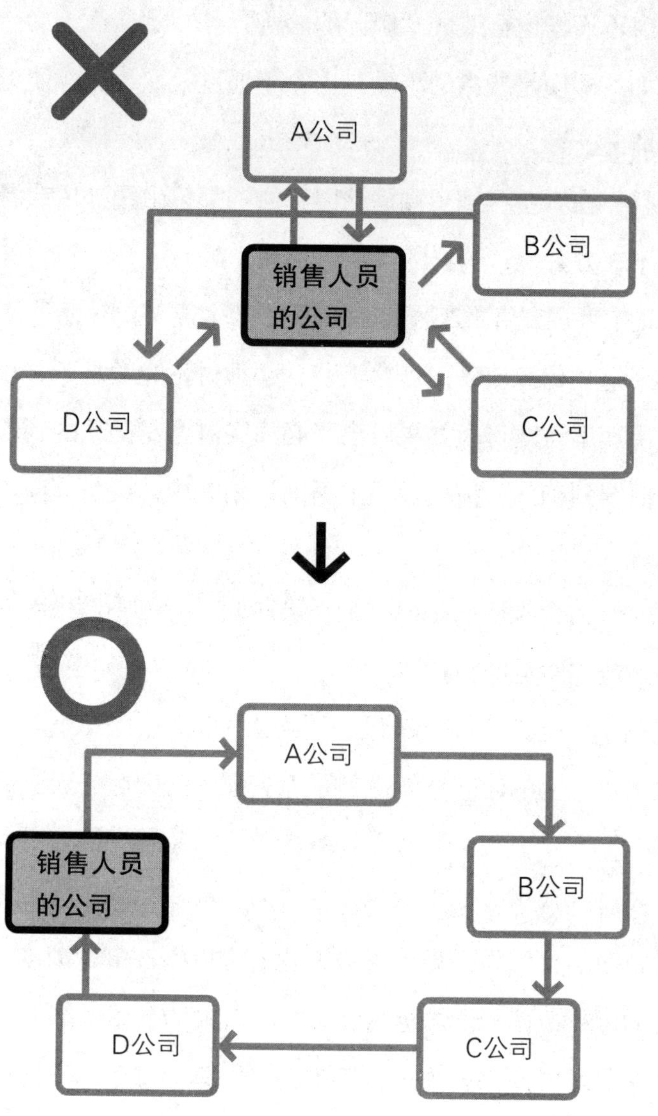

信息不通畅，会带来日程表延迟

信息不通畅也会造成“搬运的浪费”。

例如，即使是些微的小事，也有不通过上司，工作便无法进行下去的情况。

而且，在希望得到上司确认时，碰巧那位上司外出或者因出席会议而不在办公室，这样的情况也不在少数。

此时，手头的工作只好暂停，导致了“观望的浪费”。

为了避免信息流动时产生浪费，必须讨论究竟是不是真的一定要经过上司确认才行。如果做出了必须经过上司确认的判断，为了能够及时得到确认，需要掌握上司的计划安排，或者提前确定一位代理裁决人。

此外，从个人层面来说，上下班时间本身也不产生附加值，因此，易造成“搬运的浪费”。

根据居住地的不同，一般往返路上的时间为2~3小时，也有人花在上下班路上的时间竟然占到了除去睡眠时间后一天全部时间的二成。

在这种情况下，尽可能将上下班时间转化为产生附加值的时间是非常重要的。例如，想一想全天的工作程序，事先浏览一下与工作相关的资料，读一读与提高商务技巧有关的书籍，等等。

“总是觉得来来去去地，不安稳。”只要感到了不协调，一定存在着“搬运的浪费”。要重视这种不协调感，并循之消除浪费。

第2章　第7讲

思考“可以消除吗”——杜绝“生产过剩的浪费”

POINT

当生产的产品超出了需求量时，从“可以消除吗”“可以中止吗”的角度考虑，去削减这种浪费。

不可早于需求的时机生产

生产过剩的浪费，**是指生产量超出了需求量，或早于需求时机生产，等等。**

这里的“需求量”是指“与销售额直接相关的量”。显然，如果生产出来的产品卖不出去，即会成为浪费。

而在丰田公司，把“早于需求的时机生产”也看作一种浪费，这是很重要的。

在生产现场，如果设备、人员、原材料有富余，便容易不自觉地想要提前进行生产。然而，供给过早的话，客户尚无需求，会发生卖不出去的情况，而且这样一来，也不能将真正满足客户需求的商品推向市场。

此外，如果提早生产出来，各道工序上的库存就会堆积起来，从而产生“库存的浪费”。

“生产过剩的浪费”，并不仅仅会导致“库存的浪费”，还会产生加工、搬运、检查、包装等各种形式的浪费。而且，因为工作已然完结，即使出现了“观望的浪费”“动作的浪费”，也会不被人注意地潜藏于其中。

因此，“生产过剩的浪费”被称为“最根本、最大的浪费”。

“中止”并不等同于怠惰

为了避免发生“生产过剩的浪费”，方法之一是要具备**“可以消除吗”“可以中止吗”的思考意识。**

例如，某个部门制作精美的月报，并分发给许多别的部门。该部门的月报上经常推出一些新的创意，反响也很好，因此，该部门委派专人负责月报的发行事宜。

可是好景不长，几年后，部长换届了。新上任的部长指出：“虽然以前一直在分发月报，但这是必须的吗？”尽管遭到了部门内部好几个人的反对，可部长还是决定暂时取消月报的制作。

2个月过去了，其他部门也没有一个人来催促发行之事。于是，月报的制作完全终止了。

就像这样，当初认为“有就好了”的工作，也可以变成“没有也可以”的工作。

此外，下述情况也经常会发生。

现在制作的产品目录，尽管只有三大主打产品，可是由于过去的习惯，还是列出了全部的产品。经过考虑后，决定将三大主打产品之外的产品，汇总到另外一份目录上。自此，不仅削减了成本和劳动力，而且目录也变得便于随身携带，获得了公司员工们的好评。

将全部产品做在目录上也是“没有也可以”的工作。

随着时间的推移，适当的工作频率、工作量、工作对象等均在发生变化。如果一直延续之前的工作习惯，认为“这个工作还是做一做为好”，那么，工作会不断地增多。

中止之前在做的工作，似乎给人以怠惰的印象，也许有的人还会产生罪恶感。但是从事“不做也可以”的工作，等于给别人增加了工作量，那岂不是罪过更大了？

可以试试将这类工作暂停，看看会发生什么。

削减重复的工作

在办公室极易发生的“生产过剩的浪费”，除了像刚才的例子所讲的，做原本不需要做的工作，还有一种情况是：同样的工作在由一个以上的人做。

例如，销售部和市场部，有时候会分别制作同样的销售额预测数据。

也许这两份数据的性质和产生方式不同，但**只要是重复部分较多的工作，就应该考虑：“将其中哪一个去掉不会有问题呢？”**

在你的工作岗位上是否也发生着重复工作的情况呢？

与其什么也不考虑，继续做同样的工作，倒不如思考一下放弃哪项工作不会出问题，这才称得上“最聪明的工作方式”。

第2章　第8讲

消灭错误——杜绝“次品返工的浪费”

POINT

返工或修改是对程序的巨大颠覆。只要意识到“自工序完结”，浪费将不复存在。

达到“自工序完结”的两个要点

7种浪费的最后一个是“次品返工的浪费”。

它是指**不得不扔掉的东西及需要返工或修改的工作。**

无论是什么工作，只要发生了返工或修改，必定会引起日程表延迟、程序紊乱的现象。

为了预防此类情况的发生，最有效的思考方式正是在第1章中提到的“自工序完结”。也就是说，在自己的工序上制作时，尽量保证产品质量，避免发生返工及修改的麻烦。

为了实现自工序完结，需要注意以下两点：

① 正品的条件

② 判断的标准

① 正品的条件是指只要按照这个条件制作，就可以保证达到设计预想的质量。

例如，“只要在这个地方用3个螺丝钉扣紧，质量就不会出问题”之类的条件。

就上司委托制作报告书的例子而言，尽管被委托者的工作岗位不同，不同的上司对报告书的要求也不同，但“什么时间、在什么地点、谁、干什么、为什么要做、怎样做”这5W1H一个都不能少，对其全部满足是最低限度的条件吧！

此外，有的岗位规定了特定的格式及例如“汇总到3张以内的A4纸上”的限定，那么这些也属于正品的条件。

与下一道工序共享“输出的形象”

② 判断的标准是用以判断是否达到了预期结果的标准。

不知道判断的标准，则无法判断自己的工序是否已做到了尽善尽美。

更具体地说，**判断的标准是下一道工序所要求的质量标准。**

例如，孩子说：“我要吃咖喱饭。”这里的正品是将肉、蔬菜与咖喱酱一起炖制而成的食物。

在孩子的要求下，父母鼓起干劲，花了3个小时，将蔬菜炖至烂糊糊的状态，地道的咖喱饭做好了。

然而，对于“下一道工序”的吃咖喱饭的孩子来说，如果其标准是“1小时后，就大口大口地吃到咖喱饭”，那么，面对花费了3个小时做出来的地道的咖喱饭，他一定不太高兴。

也就是说，**如果与下一道工序要求的输出形象不同，则无法实现满足。**

以方才提到的上司委托制作报告书的例子而言，判断的标准是上司所要求的报告书的类型。

是在董事会上提交的报告书呢，还是供部门内部确认使用的报告书呢？用途不同，则制作的方式也不同。此外，是全文字形式就可以，还是要求含有大量的图表和图呢？这种差别也是有的。

若好不容易花费了许多时间收集到了详细的资料，而制作成报告书，上司却认为“不需要如此详细的资料”，则万般辛苦化为泡影。

要想使作为后一道工序的客户满意，需要与之共享输出的形象，从而自己也持有判断质量的标准，这是相当重要的。

这样一来，当然可以避免工作中的错误，也杜绝了做完工作却又不得不返工修改的事发生。

OJT解决方案股份有限公司的森户正和回忆道：“作为全厂总负责人的原专务董事，也积极地致力于自工序完结的工作。他特别关注每道工序的正品条件和判断标准是否明确齐备，以及是否是每个工作人员都容易理解的内容。因此，他每次去现场时，总会要求那个现场的工作人员说明他们的正品条件和判断标准，并对正品条件和判断标准尚未齐备的工作岗位，热情地加以指导。”

你的工作的正品条件与判断标准是什么呢？有了对它们的认识，你的工作质量能够提高，程序也能从你这里顺利地进行下去。

CHAPTER 3 缩短工作时间

第3章　第1讲

创建“标准”时间

POINT

无论做什么工作，如果不能掌握需要多长时间完成，则无法编制出合适的日程表。

适应最快的完成方式

做同样的工作，不同的人花费的时间各不相同。制作相同水准的报告书，有的人2个小时就完成了，而有的人花费2天时间才完成。

与生产现场相比，办公室和规划系统的工作周期往往较长，且有很多是不可限定规格的，因此完成工作所需的时间极易因人而异。

然而，无论是什么工作，均要求团队协作，因此，工作时间上的个人差异，很可能会给工作程序带来极大的影响。

例如，传阅审批文件、做裁决时，组织越大，裁决者越多，文件最终批下来的时间越长。

假如有5名裁决者，如果每人花1天时间审批，再将文件传递给下一位裁决者，那么文件审批一共需要5天；如果5名裁决者中，有1个人独占审批文件3天，那么文件审批共计7天；如果审批耽搁的人有2个以上，那么总体的审批时间就更长了。企业的速度即生命，审批时间越长，执行也就越延迟，情况会变得不利。

然而，只要文件的审批传递不存在时间上的限定规则，那么文件在个人手中暂存多长时间再传递给下一位裁决者，全凭个人酌情决定。如果审批文件在其中某个人那里停滞不前，通过审批的时间就会不断地延迟下去。

“要避免这种事态发生，设定标准是最有效的。”企业教练谷胜美说。

在丰田公司的生产现场，“标准”这个词经常被使用。

正如方才所述，“标准”是目前最好的工作方式及条件，对于各个工作岗位均制定了各种各样的标准。制定标准是“目前最好的”方法，工作人员以此为依据完成工作，可以使工作质量保持一定的水平。

而在时间方面，也存在着“标准时间”。

标准时间与平均时间不同，这一点不可误解。

假如按照相同的质量标准完成某项工作，A需要1个小时，B需要3个小时，则做完这项工作所需的平均时间为2小时。

然而，**在丰田公司，人们认为：“以最快的时间最好地完成，才是最好的做法。”**工作速度缓慢，是做无用功或程序不佳导致的。因此，要共享最快最好的工作方法。

这样，便可以以最短的时间结束工作。

例如，上文说到的审批文件的情况，可以将每个人花费1天定为标准时间。

审批者在每天早晨设定好准时审批文件的时间，并把它作为工作标准之一，那么审批文件在某人手里滞留2天或以上的情况将不复存在。

首先从记录自己的工作时间开始

任何岗位上的人，只要采用这样的方法，都能够做到安全、准确、高效地完成工作。

例如，对于销售业务中取得预约的工作而言，应该定下这样的标准：在这个时间，以这种方式，采用这样的推销话术，容易得到预约。

明确这个标准，并据之实践，在提高工作速度的同时，也可以取得良好的成果。

在大多数情况下，制定这样的“标准”可以从销售冠军及经验丰富的老练职员的做法上获得启示。通过对这些人的行为的分析，即可以发现“标准”。

不过，要使全体职员统一遵守标准时间，还需要有组织的协调行动。尤其是在行政系统和规划系统的办公室工作中，工作内容因人而异，因此算出标准时间可不是简单的事。

我对处于这些岗位上的人给予的建议是，首先**掌握自己的工作时间**。特别是规划系统的办公室工作，时间跨度长，也有很多是不可限定规格的，所以，完成一项工作究竟需要多长时间，大部分情况下，工作者自己也没有注意到。

因此，即使其中潜藏着浪费，工作者也极不容易察觉，有可能花费了许多并不需要的时间。另外，由于没有掌握自己工作所花费的时间，就无法准确地预估时间，也就极易导致“赶不上交付期”这样的事态发生。

只要了解实际的工作时间，就能提高日程表的精准度

首先，**尝试着写出1天的工作流程和1项业务的流程，**而且要分别记录下所花费的时间。

在丰田公司，为了发现并改善工作中的浪费情况，以1秒为单位对生产现场的作业进行记录，使浪费彻底地暴露出来。

不过，这个方法只适用于多为可限定规格业务的生产现场，而在不可限定规格的业务居多的岗位却并不现实。在可限定规格的业务居多的岗位以1分钟为单位，在不可限定规格的业务居多的岗位则以10分钟、15分钟为单位，这样把握就可以了。

1天的工作流程，可以按照以下几点写出工作内容及所需时间：

· 回复邮件 …… 40分钟

· ××会议 …… 80分钟

· 收集信息 …… 45分钟

· 回复电话 …… 20分钟

· 制作文件 …… 120分钟

记录工作时间

	工作	时间		所需时间
		开始	结束	
1	回复邮件	9:00	9:40	40分钟
2	参加商品战略会议	9:40	11:00	80分钟
3	为制作计划书收集信息	11:00	11:45	45分钟
4	回复电话	11:45	12:05	20分钟
5	制作文件	13:00	15:00	120分钟

记录工作时间的好处

可以看到浪费掉的时间

可以根据实际业绩推导出标准时间

只是像上面这样列出来，**即可以注意到：“竟然在这项工作上花费了如此长的时间。”“只要去掉浪费，也许能更快地完成呢。”**

此外，在预估时间的时候，不可以是“大体上需要这么多时间完成吧！”之类的期望性预测，而是根据实际的业绩，尽量估计出准确的时间。这样的话，日程表更容易编制，交付期延迟的情况也会越来越少。

第 3 章　第 2 讲

缩短“准备”的时间

POINT

准备工作不产生附加值。因此，提高生产率的要点在于缩短准备时间。

缩短“程序替换”的时间

在生产现场，有一个词叫“程序替换”。

程序替换是指从生产某个产品转换为生产其他产品时发生的程序工作，属于“准备工作”。

例如，冲压车体的工作线上，未必会一直生产同一种车型。假如是生产威驰与普锐斯两种车型的生产线，由于这两种车的设计与规格均不相同，冲压威驰结束后，要更换生产普锐斯用的模具、夹具（用来固定毛坯件，同时也是切割等工具的控制及向导装置），替换原材料，等等，做各种各样的调整工作。

尽可能地缩短程序替换的时间，有助于提高生产率。**因为正在做准备的时候，是无法生产具有附加值的东西的，这样的时间当然应当缩短。**

在生产现场，要尽可能地缩短程序替换的工作时间，在不影响生产率的情况下，以实现多车型、小批量生产为目标。

将费时 3 天的工作缩短为 80 秒完成！

OJT解决方案股份有限公司的企业教练池田一美在丰田公司时一直在冲压工序上工作，他回忆道："工作的时候，大脑里整日都在想着如何改进程序替换。"

池田在冲压工序上工作始于20世纪60年代后半期，冲压车门的程序替换工作，要花费"大约3天"的时间。当时，制作的车型并不像现在这样多，因此，即使程序替换需要花费那么长的时间，也不会产生什么问题。

然而，随着日本进入经济高速增长的时代，市场对汽车的需求不断高涨，汽车订单迅速增加。此外，客户的需求呈多样化趋势发展。为了适应多车型、小批量、快交货的要求，迫切需要缩短程序替换的时间。

于是，在1970年左右，将程序替换的时间缩短到"大约半天"。缩短时间的关键在于最小化"调整工作"。

在冲压工序上，将铁板滑入模具底部进行冲压，则铁板会成型为汽车的形状并自动出来。一旦铁板不能平衡滑入模具，从模具中出来的产品就不能与设计图样保持一致，即完成的是次品。

因此，现场经验丰富的老手，一边要对相当于一张纸的厚度进行微调，一边从事程序替换工作。

这种微调工作，由于靠的是资深职员的经验与直觉，要反复多次进行，非常费时间，据说有时候甚至要花费一周的时间。也就是说，微调工作只有特定的人员才能够做得了，所以相当费时间。

为了使这种调整工作谁都可以做，丰田公司规定了最佳条件的具体数值。

像这样的生产正品的条件，称之为“正品条件”。相当于烹饪食谱中的“酱油一大勺”等，连对调料的量都做了详细的规定。依据这些规定，谁都可以做出美味的饭菜。

同样，以最佳条件为依据，谁都可以在短时间内完成调整工作，程序得以大幅度改善。

之后，程序替换的时间在不断地缩短。

20世纪70年代前半期，缩短到“大约300秒”。

在此之前，一项工作结束后，再开始下一项工作，被认为是天经地义的事。可是，这样却产生了观望的时间。

为了解决这个问题，**可以同时做的工作，同时由不同的人分别负责进行。**例如，一个人在更换模具时，另一个人同时进行调整工作。

池田当时的上司经常对他说：“使用两只手、两只脚，一个人应该可以同时做4项工作。再笨拙的人，至少也可以同时做两项吧。”

通过同时推进两项以上的工作，程序替换的时间得以缩短到300秒。

考虑到与人有关的改善到此已达极致，在此阶段便开始研究生

缩短程序替换的时间

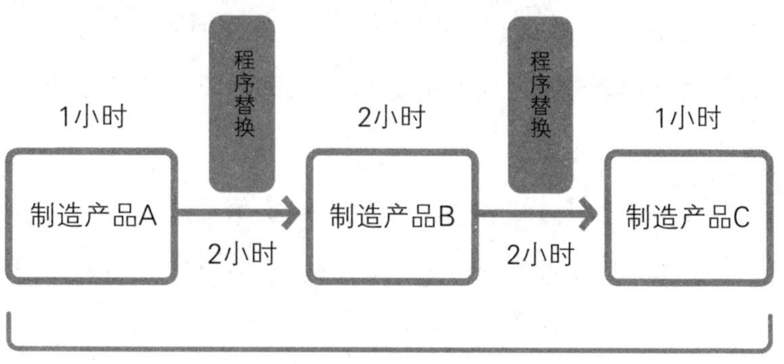

缩短程序替换的时间

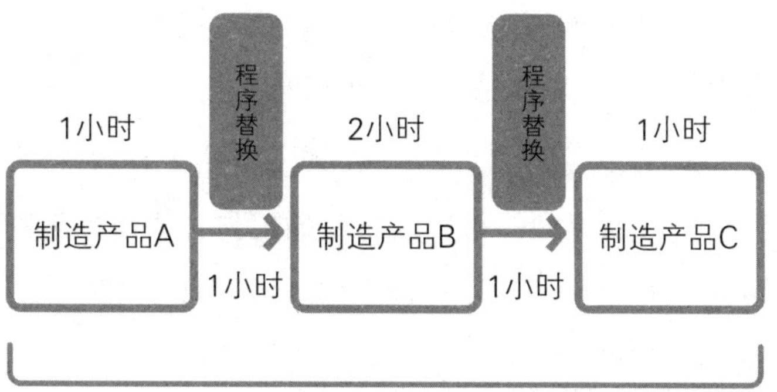

只要减少准备时间，即可带来生产时间的缩短及生产率的提高。

产机械化的问题。之后，自働化也得到了进一步发展，完成同样的程序替换工作最后缩短为“80秒”。

大约花费3天的工作缩短到了80秒，这正是丰田公司改善工作现场的程序所取得的成果。

采用固定格式以缩短准备时间

对于业务繁多的办公室工作人员来说，缩短程序替换时间也是优化工作程序的要点。

销售人员通常会负责两个以上的客户。假如提供给每个客户的计划书都是从头开始重新制作的，那么有多少时间也不够用。

因此，如果在A客户之后，再与B客户谈业务，此时，计划书的格式已在某种程度上确定，便可根据B客户的需求，仅更换内容和数字即可。这就缩短了从A客户到B客户的程序替换时间。

这样的格式，不可专属于某个人，而应由整个销售部门共享。

据此，不管是新人还是老手，制作计划书所花费的时间便能够实现平均化，同时也可以提高质量。

“缩短准备时间”是优化工作程序时需要考虑的重要理念。

第3章　第3讲

将工作分为“内部程序”和“外部程序”

POINT

在丰田公司的生产现场使用的“内部程序”与“外部程序”的思维模式，也可以应用于办公室工作中。

“内部程序”与“外部程序”

“程序替换”大致可以分为“内部程序”和“外部程序”两类。

内部程序是指不停止设备就无法进行的工作。对生产现场而言，是指夹具的置换、定位，及模具的更换等。换言之，即之前的工作不结束，就无法进行的程序工作。

外部程序是指在设备运行的过程中，在设备之外为下一步的程序替换而提前进行的工作，是不中断作业也可以完成的工作。

尽管解释了这么多，没在生产现场工作过的人可能还是难以想象。

可以这样理解：**内部程序是“那个人只能在那个地点、那个时间执行的程序”，外部程序是“在工作进行前后及那个人以外的其他人也可以准备的程序”。**

例如，考虑一下“制作炒饭”这一工作的内部程序与外部程序吧！

内部程序是指厨师将炒菜锅放在火上，按照米饭、蔬菜、鸡蛋的顺序去炒的工作。只要这项工作没有结束，放锅的炉灶及制作炒饭的厨师就无法进行下一项工作。

而外部程序是指食材的采购及食材的预先准备。这些准备工作，厨师以外的人及不在制作炒饭时也可以进行。

不仅是生产现场的工作，其他任何工作也都可以分为内部程序和外部程序。首先，将程序分为这两类来理解吧！

缩短工作时间的 4 个步骤

利用内部程序与外部程序的思维模式，可以达到缩短工作时间的目的。

企业教练尾崎十朗说：“可以考虑将缩短工作时间的步骤分为以下4步，这样更容易理解一些。”

① 区分内部程序工作和外部程序工作

② 将内部程序工作转移到外部程序工作

③ 缩短内部程序的工作时间

④ 缩短外部程序的工作时间

我们的工作通常是内部程序与外部程序混在一起的。

例如销售工作，内部程序的工作是指与客户进行商务谈判。谈判时能否引导客户购买自己的商品，能否与尽可能多的客户进行商务谈判，会给销售额带来极大的变化。

外部程序则是指以商务谈判为目的而取得预约、准备计划书、研究客户的需求信息等。这些都可以在商务谈判之前就准备好。

如上所述，将工作划分为内部程序与外部程序是最为理想的。然而实际上，许多人并未意识到这一点，现实状况是内部程序与外部程序混在一起。

因此，需要①**区分内部程序工作和外部程序工作。**

提前准备好，会提高工作成绩

如果不区分内部程序与外部程序，原本使用外部程序即可以结束的工作，却混入内部程序，导致内部程序所花费的时间变长。这意味着生产率的下降。

例如，在商务谈判中，有一位客户提出了问题："该产品的规格是什么？"

如果是完全预想不到的问题则另当别论，预计客户会在某种程度上质疑到的问题，提前准备好，就足以应对了。也就是说，在外部程序预先备齐资料即可。

然而，将内部程序与外部程序的工作混在一起的人，极易漏掉提前准备之事，因此，一旦客户提出质询时，会马上陷入惊惶失措地向公司打电话来确认的窘境。

通过一件事可以推测其他，此情此景会引发客户的不信任："和这位销售人员打交道，不会出什么问题吧……"

缩短工作时间的4个步骤

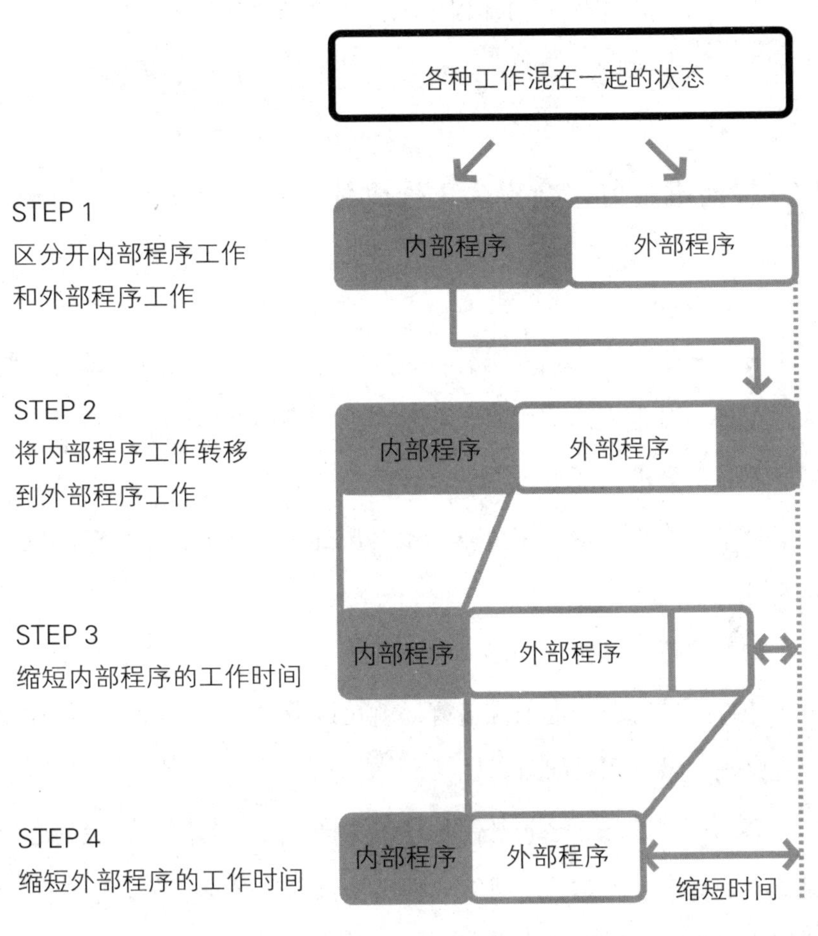

管理人员要集中精力做好自己应该做的工作

对于管理人员来说，管理下属是其本职工作，也是内部程序工作。

可是，却有不少管理人员自己承担了下属应该做的工作。这些管理人员并没有将内部程序与外部程序区分开来。

诚然，与其将制作资料等工作交给下属去做，自己去做也许能更快更准确地完成。实际上，此类工作是管理人员之前一直在从事的获取成绩的工作，所以，他们做当然没什么问题。

但是，做这些工作势必会减少作为其本职工作的管理所需要的时间，结果会导致部门的整体成绩无法提高。**原本该由下属做的工作，就应该当作外部程序交给下属去做。**

首先，从①**区分内部程序工作和外部程序工作开始做起吧**！

将自己应该关注的焦点工作明确化，才容易出成果。

从下一节开始，解说缩短工作时间的步骤②~④。

第3章 第4讲

将“内部”工作转移到“外部”

POINT

内部程序的时间越短，生产率就越高。有没有可以转移为外部程序的工作呢？

将内部程序的工作转移到外部程序上

③只要区分开内部程序工作与外部程序工作，接下来就可以采取第二步了，即将内部程序工作转移到外部程序工作。

之前一直作为内部程序来做的工作，如果仔细加以分析，也可以转移到外部程序上。

只要缩短了内部程序，当即便可缩短工作时间，因而，将内部程序工作尽可能地转移为外部程序工作是相当重要的。

例如，去一家客户那里时，只要这次商务谈判尽早结束并成功签约，即可以迅速开展与下一家客户的商务谈判，从而带来销售额增长。

在商务谈判席上，要将对商品和售后服务的说明作为内部程序对待。不过，还可以根据情况，采取例如先将对商品及售后服务的说明资料发送给客户，提前请对方过目等方式，则在商务谈判时用于说明的时间就可以大幅度减少。

内部程序转移到外部程序的工作，可以在内部程序工作开始之前就进行准备。因此，有富余时间的话，先将这些工作完成，这样就为执行程序提供了活动空间及灵活性。此外，由于缩短了内部程序的时间，内部程序工作本身变得简单了，从而能够迅速地推进工作。

筛选转移为外部程序的要点如下：

- **有可以委托给其他人做的工作吗？**
- **有可以在其他地点做的工作吗？**
- **有可以在其他时间做的工作吗？**

即使是之前一直在做的理所当然地认为是内部程序的工作，也要依据“有可以在其他地点做的工作吗？”“有可以在其他时间做的工作吗？”的原则进行筛选。以这样的视角观察，就能够发现哪些工作可以转移为外部程序了。

此外，可以交给他人做的工作，也要将它转移到外部程序上，委托给别人去做。

将内部程序的工作转移到外部程序

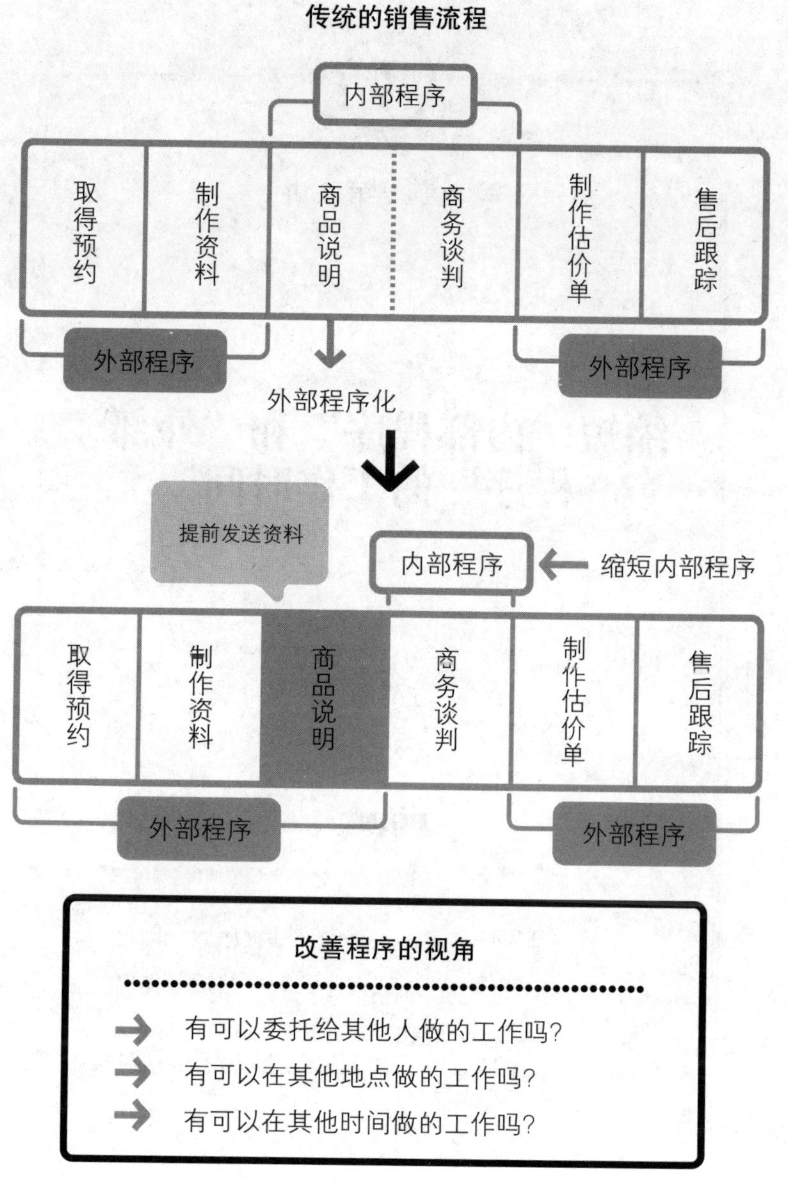

第 3 章　第 5 讲

缩短“内部程序”和“外部程序”的工作时间

POINT

将内部程序的工作转移到外部程序后，则可以按照内部程序 → 外部程序的顺序缩短工作时间。

缩短内部程序工作与外部程序工作的时间

如果内部程序已成功转移为外部程序，则可向下一个步骤迈进了：

③ 缩短内部程序的工作时间

④ 缩短外部程序的工作时间

首先，要缩短花费在内部程序工作本身上的时间。

还是以方才提过的“制作炒饭”为例进行说明吧！

制作炒饭时，先将米饭和蔬菜在火上炒至一定程度，然后再把从冰箱里取出的鸡蛋打碎，放入炒菜锅中。

以上的流程中，在炒制米饭和蔬菜的过程中，需要抽时间将鸡蛋取出并打碎。

因此，在炒之前，趁着锅在加热的“观望”期间，要提前做好从冰箱里取出鸡蛋并调匀蛋液的准备工作。

这样做了的话，在制作炒饭时不会浪费时间，还可以在恰当的时机加进鸡蛋，炒好之后味道会香甜、可口。

在电视的烹饪节目中常常看到，厨师会在开始操作之前，提前将食材与调料安排在容器里，将炸东西用的油和烤箱调到适当的温度，准备就绪之后只需要把食材放进锅里或烤箱里就完事了。

烹饪节目可以说是极力缩短内部程序工作时间的一个范例。

这种思考方法也可以灵活应用到工作中去。

例如，如果习惯于口头解说商品详情和售后服务，可以提前将这些内容汇总为浅显易懂的视频，在和客户进行商务谈判的时候，使用笔记本电脑或平板电脑播放解说。

采取这种方式，可以缩短解说的时间，同时可以促进客户对商品有更深层次的了解，其结果必然会缩短商务谈判的整体时间。

缩短提前准备的时间

缩短了内部程序的工作时间之后，也要缩短外部程序的工作时间。

以炒饭的例子来说，采购食材即为外部程序。如果以前采购食材都是由自己办理，那么现在可以改让家里的其他人去买，或者使用送货上门的购买方式。

在工作中也是同样的情形。

例如，制作计划书所需要的信息及数据的收集工作可以委托下属去做。通过将工作分开承担，即可缩短制作计划书所花费的时间。

遵照以上这4个步骤，分别缩短内部程序与外部程序的工作时间，使得提高成绩，同时缩短整体的工作时间成为可能。

第3章　第6讲

关于“消除自己的工作”的思考

POINT

最终的缩短时间，则是消除“现在正在做的工作”。在丰田公司，存在对此进行评估的文化。

停止为了维持自己的部门而不断拓展业务的做法

缩短工作时间的最终极的方法是消除自己的工作。即使工作本身没有了，只要仍可以提供与以前相同质量的商品和售后服务，就能带来整体发展速度的提升。

然而，一般情况下，人们为了维护自己的部门和自己的工作，有使业务膨胀的趋势。

例如，从经营一家汽车制造厂这个较大的角度来看，制造汽车的生产部门是“主要部门”，做的是“主要工作”；运输产品和零部件的物流部门则是“附设部门”，做的是“附带工作”。对于汽车制造厂来说，虽然物流部门是必须的、不可或缺的，但是规模较小为好，不可扩展。

然而，对于在物流部门工作的当事人来说，物流工作是主要工作。由于拥有一份值得骄傲且有意义的工作，在那里工作的人们都竭尽全力以达到尽善尽美。

这个时候经常发生的——不论是有意识还是无意识造成的，是自己的工作会一直增加。**更准确地说，增加的不是主要工作，而是附带工作的不断膨胀。**

企业教练冈田宪三指出，他做指导的某家企业中，“物流部门的低效率问题非常突出”。

本来对于物流部门来说，最重要的是以最小的能耗尽可能多地有效地运输东西。为了高效率运输，要达到满载量时运输，因此定时运输之类的方法极为有效。可是那家企业却无视效率，处于一种只要招呼一声“希望搬运一下”，就随即开始运输的状态。

作为物流部门，也许认为不厌其烦地满足其他部门的需求是自己的本职工作，但如果每次都有求必应，就需要在某种程度上增加卡车和司机的数量，效率也会变得低下。

如果停止传统做法，更改为定时运行，各部门就会配合运行时间推进工作，那么卡车与司机的数量较少也可以完成任务。

明确自己应推出的成果

如果不具备高瞻远瞩的眼光，就会陷入满足特别需求的状态，或产生认为自己部门的工作有价值等“自我最优”心理，基于这些去拓展自己的业务。

然而，从“整体最优”的观点来看，在大多数情况下，这些只不过增加了附带工作而已。

为了预防上述情况发生，**应该重新讨论：“自己应推出的成果究竟是什么？”通过讨论，自己应当专注的主要工作也就明确了。**

例如，在方才的例子中，在制造厂从事物流工作的人的成果即通过物流，为促进销售额的增长做贡献。也就是说，高效率地运输物资是他们的主要工作。

做销售工作的人应推出的成果则是抓住客户的心理，提高销售额。显而易见，其主要工作即为商务谈判。制作精美的计划书、出席公司内部会议等，虽然也是必须做的工作，但是只不过是附带工作而已。

站在整体最优的立场上，准确地把握主要工作极为关键。

站在比自己高两级的高度，就能看到应当停止的工作

企业教练冈田宪三说："最终极的形态，即是努力消除自己的工作。

"从经营整体来看，没有主要工作（主要部门）之外的工作是理想状态。因此，如果自己的工作是非主要工作，那么不断地向消除方向发展，才可谓为公司整体做出贡献。

"一般来说，'最好消除自己的工作'之类的话是很难说出口的。经常见到的情况，反倒是为了保护自己而呼吁自己的工作如何重要。

"但是，丰田公司最大限度地追求消除浪费，存在着一种对执行人进行评估的文化。因此，如果自己的工作消除了也可以完成任务，这类改善实行了的话，公司一定会进行评估，随后给你一份新

站在某个高度看自己的工作

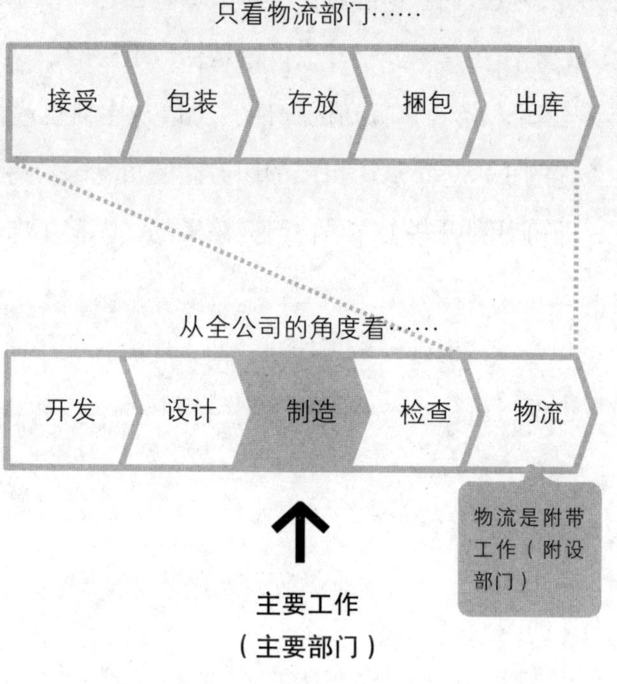

“公司整体的主要工作是什么？”

以这样的角度考虑，即可以分清什么是应该做的工作，什么是不应该做的工作。

的工作。”

不断地向消除自己的工作努力，需要勇气，而且如果没有丰田公司这样的评估组织文化，可能很难做到。

尽管如此，从公司整体经营的立场去看待自己所从事的工作，意识到自己的工作在其中处于什么位置是相当重要的。

在丰田公司，经常会听到这句话：“请从比自己高两级的角度考虑一下你的工作。”从比自己的职务高的角度来看待自己的工作，据此，即可看到哪些工作是自己应该做的，哪些工作停止了反而更好。

停止或想方设法消除一些工作，会使工作流程变得简单，程序优化的效果也指日可待。

CHAPTER 4 提高程序“质量”的诀窍

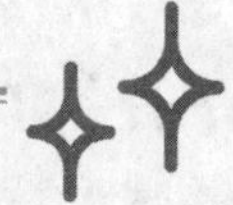

第4章　第1讲

不只是“结果”，还要检查“过程”

POINT

工作完成之后，还要关注一下过程。靠强大的体力劳动淬炼而成的工作中，潜藏着许多应该改善的地方。

漏掉PDCA中的“评估”了吗?

经常会听人说到“PDCA循环周期”。到底什么是PDCA呢?

PDCA是顺利推进项目的方法之一，P（PLAN，计划）→D（DO，实行）→C（CHECK，评估）→A（ACT，处理），依据这4个阶段循环往复，工作得以持续不断地改善。

在丰田公司，也会对日常工作的结果进行评估，如果发生了工作无法顺利进行下去的问题，就提出：“为什么会出现这样的问题呢？”做彻底的分析之后，不断地加以改进。

虽然许多实业家都对PDCA的重要性非常了解，但是，企业教练大鹿辰己证实道：**“许多企业的PDCA中的CHECK（评估）功能缺失，这是实际工作中存在的问题。**

“即使程序在中途无法顺利执行，但只要最终结果出来了，那么就OK了。这种工作情况常常发生，却不去检查、追究为什么计划不能正常进行，所以再次发生同样的问题，程序还是会乱下去。如果问题出现后，只是靠繁重的体力劳动将其克服，就不能将问题作为问题去把握了。”

靠体力劳动挺过去，必将不再回头看工作过程

评估功能的缺失，发生在各种各样的情况下。

例如，在某个项目的A工序中，发生了工作延迟。受其影响，下一道B工序的日程表遭到了侵蚀。由于最后的交货期不可延误，B工序原本要7天完成的工作，紧急之下3天就完工了。

最终赶上了规定的期限交工，只要产品质量也没有受到影响，就会大松一口气：“嗯，总算渡过去了。”也许还因摆脱了危机局面而充满了成就感。

不过，虽然这次靠体力劳动解决了问题，渡过了危机，下次再出现同样的情况，可就未必能同样顺利地进行了。

如果A工序延迟的程度进一步加重，B工序的工作时间已被压缩到了只剩下1天，那么最终还是不能恪守交货期完工，质量也无法保证。

之所以这次能够顺利摆脱困境，只是凭一时的运气而已，不可期待下次还会这么顺利。如果不改变做法，在某个时候引发了巨大的变故或错误，也不为怪。

人们往往认为，就像工作能力强的人那样，只有在“困难的时候，才是显示自己本领之处”，用强大的力量去努力地解决问题。实际上，大多数情况下，由于人们抱着“船到桥头自然直”“走一

不仅要检查结果，还要检查过程

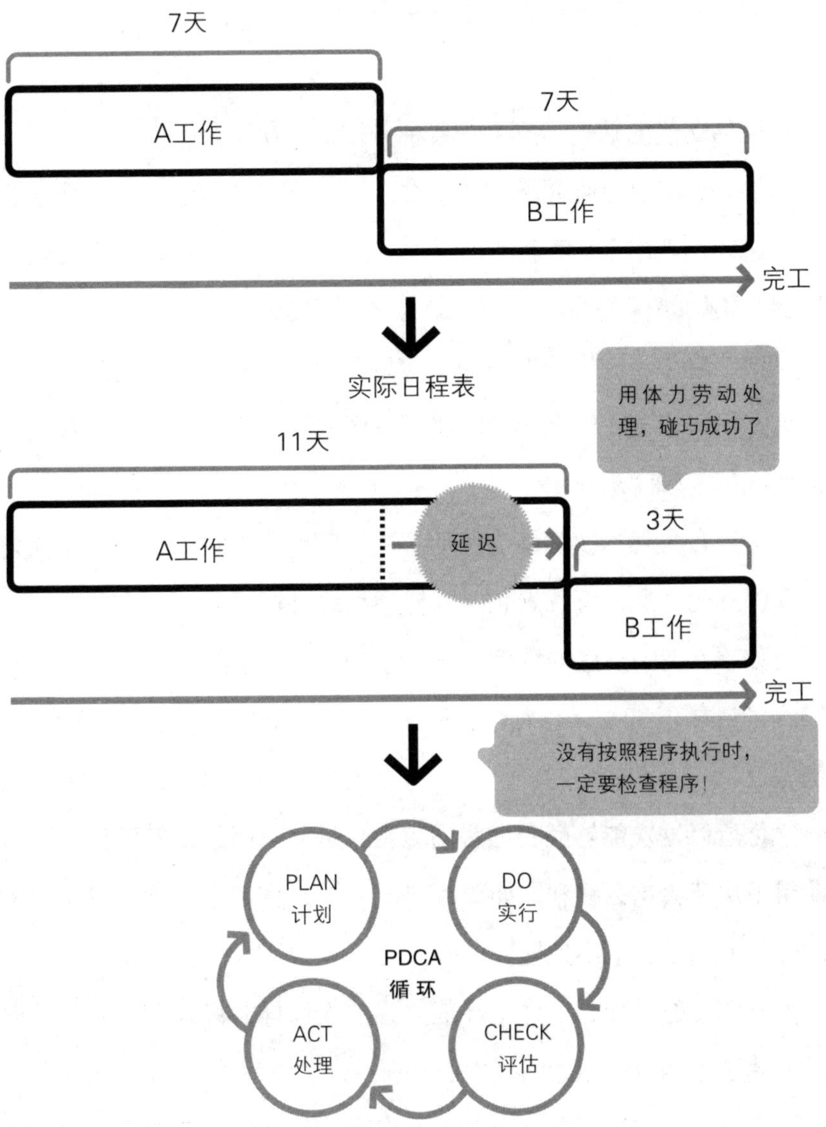

步看一步”的想法，虽然问题当时未曾显现出来，可是早晚会走向不可挽回的局面，而演变成巨大的变故，降临到自己的身上。

为了预防这种事态的发生，需要常常留意：**“生产过程中有不合适的地方吗？”严格把关是非常重要的。**

日程表发生延迟，其中必定存在问题。

也许是发生延迟的那道工序上的工作人员的问题，但是也不可忽视最初的程序本身就具有不合理性。

想方设法地加班赶制完工、勉强有关人员核对账户余额等，这样临场应付的话，会在各方面产生不合理的地方，各道工序上的工作人员之间的关系也会持续陷入恶化。

人们没办法不关注眼前的结果，但是，如果只看结果，之后会得到大的恶果。检查工作的过程也相当重要。问题产生了，要具备问“为什么”的意识，去追查其中的原因，而且必须设法改善。

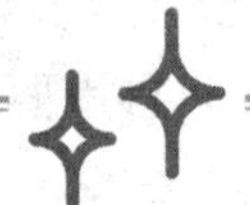

第 4 章　第 2 讲

从“防止再次发生”到“防患于未然”

POINT

发生变故或问题是程序的大敌。为了预防这些情况发生，需要提前想好一切应对之策。

“防止再次发生”——避免同样的问题发生两次

程序之所以会陷入极度混乱的状态，是因为其中发生了变故或问题。

即使是精心制订的计划，只要发生了变故或问题，程序将不再按照当初的计划进行下去。所以，避免变故或问题的发生，对按照程序顺利进行工作是很重要的。

“避免问题发生分两个层次。”企业教练大鹿辰己指出。

① 防止再次发生

② 防患于未然

防止再次发生是指已经发生过一次问题，为了防止同样的问题再次发生，而将引发问题的根本原因消除。

例如，在某道工序上发生了忘记扣紧螺钉的问题时，必须采取对策以避免再次忘记扣紧螺钉。

不过需要注意，**如果对策不能去除产生问题的“真正原因”，将毫无意义。**

真正原因是指使问题产生的主要因素。在丰田公司的现场，

“那个是真正的原因吗？”的询问到处可闻。若不解决真正的原因，只采取一些不痛不痒的对策，则以后还会遇到同样的问题。

即使那位责任人因为忘记扣紧螺钉而受到了严重的警告，也不能说是去掉了真正的原因。那位工作人员一不留神，仍会发生忘记扣紧螺钉之事。

只限于精神层面的对策，不能说是真正的对策。

只有创建了一个螺钉没有扣紧就不会流入下一道工序的机制，问题才真正得以解决。

在办公室工作中也是如此。

例如，“A制作的资料中发生了错误”的真正原因是“A未能与上司充分沟通制作该资料的目的与用途”。若把真正原因定为“没有足够的工作时间”，那么即使确保了更多的工作时间，错误再次发生的可能性却一点也没消除。

“防患于未然”——避免类似的问题发生

做到了防止再次发生问题，下一步必定要进行“防患于未然”。

防患于未然是指为了避免发生过一次的问题再次发生，以及为了避免类似的问题发生而采取的对策。同时，也是为了避免同样的问题在其他工序或部门发生而采取的对策。

在丰田公司，将某个生产线或车间等处的成功对策在其他类似的生产线或车间等处横向展开，称之为“横展”。防患于未然也有横向展开的情况。

例如，为了解决某道工序上的忘记扣紧螺钉的问题，创建了不扣紧螺钉，则不会流入下一道工序的机制。那么接下来，该机制就不仅用于防止忘记扣紧螺钉，还广泛应用于防止忘记安装零部件、忘记检查等类似问题的发生。

此外，不仅在这一条生产线上应用这些对策，其他的生产线、车间等处如果也有发生类似问题的可能性，那么也可以采用这些对策，将问题防患于未然。

凭借“防止再次发生”和“防患于未然”，组织的力量会更加强大

若办公室工作也遵循从“防止再次发生”到“防患于未然”的步骤，则可以按照计划推进工作。

例如，A负责的一家客户以“贵公司的商品价格比其他公司高出太多”为由，拒绝签订合同。在这种情况下，被拒签的真正原因在于，A没有将定价的理由和商品的附加值全部解说清楚。

从那次被拒绝开始，A为了使客户理解其公司产品比其他公司的同类产品价格高的原因，便把自己公司的产品不同于其他公

司的同类产品之处汇总为资料，向客户解释清楚：“为什么我们公司的商品会是这个价格呢？”“我们公司的商品独具的附加值是什么？”

这样一来，在客户质疑“价格高”的时候，A便能够展开促使客户理解的销售话术，去推销商品了。

这是“防止再次发生”的例子。

并且，A将此实例与部门内部的其他负责人及各分公司的负责人共享。当其他负责人遇到同样的情况时，就可以妥善应对，这一对策得到了“横展”。

这是依靠横展来“防患于未然”的例子。

像这样，将防止再次发生与依赖横展防患于未然的习惯保持下去，则组织的力量会大幅度提升，程序也能顺利地推进。

在推动工作时，首先要确认目的，制订计划。其次，在这个阶段，还需要假定可能出现的问题，并且在组织内部确认是否发生过类似的情况。如果发生过的话，考虑一下当时的经验能否给自己提供参考。

只要把发生过的问题及其应对方法横展、共享，不断地累积下去，程序的推进会越来越顺利。

第 4 章　第 3 讲

“停止”与“令其停止”

POINT

尽管工作“停止”意味着程序延迟，有时候，却需要主动“令其停止”。

防止问题拖延的“自働化”

堪与“精益管理”匹敌的丰田公司生产方式的另一个支柱是“自働化”。

“自働化”的意思是一旦发生异常情况，立即停止生产线，或者机器自动停止。

“移动”与“活动”不同。“移动”是指在切断电源之前，会持续活动。因此，即使出现了次品，也会继续生产下去，而工作者也必须时刻睁大眼睛监视着机器。

“活动”是指一旦检查出异常就自动停止。一停止，就不会再生产出次品，工作者也不再需要紧盯着机器，因而可以减少人员，节省人工成本。

自働化是指机器被赋予了“发挥其功能”的人类智能，一出次品随即“自主停止”。

在丰田公司，通过自働化，正在发生的异常之事得以明确，可以彻底地追究其原因，不断地加以改进。据此，最终能够尽早生产出高质量的产品。

此方法不仅用于机器，也同样用于工作者。在丰田公司，一旦发生异常，就当场停止生产线，只要没有排除引发异常的原因，就不会重启生产线，从而将不拖延问题的原则贯彻始终。

✧ 人是会抗拒“令其停止”的

不过，让正在转动的生产线停止下来，就不那么简单了。

那是张富士夫担任丰田公司的某家海外工厂的总经理时发生的事。一直在产出次品，生产线却怎么也停不下来，原因经查是生产线的管理人员没让停止生产线，并且操作人员也认为“如果停止生产线，会被管理者责备说是因为想偷懒才中止工作的”，因而对是否停止生产线犹豫不决。

于是，总经理张富士夫将所有的管理人员集中在一起，阐明了“令生产线停止”的意义，并要求从管理人员到现场的操作人员都要彻底执行。

尽管如此，生产线还是非常不容易停下来，因此，又采取了表彰“令生产线停止”的操作人员的办法，慢慢地，生产线才可以停下来了。

这样的使生产线“停止”的过程是一种跨栏赛跑式的高难度行为。

曾在一家南非工厂工作过的OJT解决方案股份有限公司的森户正和也说“同时体验过‘令其停止’工作的困难性和重要性”。

那家南非工厂，由于供应商的劳工问题和设备故障等原因，经常发生零件交付停顿的事态。森户应邀出席了商讨应对方案的会议。经过研讨，会议最终决定，在该零件缺失的状态下继续生产线，等到货后再设法添加上去。

形成这种决议，主要是因为停止生产线会引起销售额和生产率下降，以工厂的立场而言，当然是不想停止的。

从事生产的人不愿意停下生产线而想持续生产，从事销售的人则欲将商品卖给最近的客户。**对一些事视而不见，想维持现状是人类的共同心理。**

森户回忆道：“正当大家一致同意将暂且不停止生产线作为处理方针时，统辖该工厂的现场总经理出现在会场上。听了汇报，总经理当即令下：‘岂有此理！请停止生产线！’

“在过去，由于之后再添加零部件，产品会发生质量问题；而且在等待零部件到达期间，还需要为那些等待添加零部件的车辆留出存放地点。

“如果持续生产下去，总经理也许会一直陷入解决库存的问题中。总会计师甚至计算并提交了停止生产线会产生的成本，但总经理坚决不让步，于是最终停止了生产线。”

当然，由于暂时的生产率下降、销售额下跌，工厂受到了一定的损失。可是，如果照原样开动生产线，也许会发展为质量问题及事故，而遭受无法挽回的损失。

森户回顾后说道：“我从这件事学到了‘令其停止’是一种高层次的判断。”

✧ 办公室工作中，敢于“停止”的判断也是需要的

不只是在生产现场，在办公室工作中，敢于“停止”的判断也是需要的。

例如，定于3日后举行制定重要商品战略的会议。之前已指定项目负责人之一A收集制定商品战略所必需的竞争商品的信息，并且在会议上提交。

可是，A却因为某些不得已的情由，在会议日之前无法弄到所需信息。这些资料不齐备，将会给商品战略的制定造成困难。

但如果推迟会议决议，整体的项目日程表会延后，各部门都会受到影响，上司等许多相关人员的日程也会受到影响。考虑到这些，A决定在资料没有齐备的情况下召开会议。

不过，因为A的资料不全，会上无法做出结论，仍是留待以后解决。毋庸置疑，A遭到了上司的斥责：“如果你的资料不齐全，开会也毫无意义，白白浪费了时间。”不仅项目无法向前推进，上司对A的评价也随之降低。

其实，遇到这种情况时，A应当提前向上司说明资料不齐全，而取消会议的召开，重新确定会议的日程就好了。

取消会议，就不会浪费出席人员的时间，还可以提前调整整体的日程表，并且研究替代方案，等等。

影响到质量及信任时，“停止”

工作日程表推后有可能造成交付期延误，因此许多人即使有点担忧，也要努力将工作向前推进。

例如，在实施项目中，征得某位有关人员的同意是必不可少的，但也不是轻易就可得到的。

然而，项目负责人认为之后是能够取得同意的，于是为了推进工作而擅作主张，项目继续进行了。

可是，有关人员知道了此事，他的感情受到伤害，不同意违规推进项目。如此一来，已经推进的工作就会全部作废。

当然，无论什么问题发生都停止工作是不现实的，一边进行一边填补程序细节也是非常重要的。不过，**当会对产品质量及相关人员的信任造成不良影响时，还是需要“停止”这一判断的。**

从事日常业务时，往往不管怎样都优先向前推进自己眼前的工作，如果不这样做，则于心不安。这样的心情非常容易理解。

不过，发生故障时，问题产生的那一刻，有勇气停止工作也是相当重要的。

也许会暂时遭受损失，但是，通过停止一次，去修复程序，可以防止二次灾害的发生，最终必会转向正确的方向。

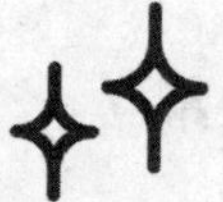

第 4 章　第 4 讲

工作增加时“细分”，减少时“合并”

POINT

根据工作的繁忙程度不同，程序也发生着变化。需要注意的是，在工作减少的时候，也要具备“保持生产率水平”的意识。

在生产减少期，也要继续保持生产率水平

工作量并不是一直固定的。汽车生产也是这样，在经济景气、繁荣的时期，或非常受人欢迎的畅销车型问世时，会不断增产，生产线满负荷运转。

然而，在像雷曼事件带来的对汽车的全球性需求大幅度下降的情况下，则会减产，生产线的运转率降低。

无论从事什么样的职业，都会有工作不断涌入的繁忙期和工作变少的闲散期。加上近年来人们的事业生命周期缩短，这样的忙与闲的差距变得越来越大。

OJT解决方案股份有限公司的森户正和说：**“在丰田公司，工作繁忙期就不用说了，在工作闲散期也要求保持生产率（效率）水平。”**

在丰田公司的现场，生产率（效率）用生产每个零部件的平均标准时间乘以生产个数（次品以外的合格产品数），再除以总工时（人数×实际工作时间）得到的数字表示。

用金额来表示生产率，分子是“销售额”，分母是“成本（人工）”。

顺便说一下，这里所谓的标准时间是指基本标准时间加上各道

生产率计算公式

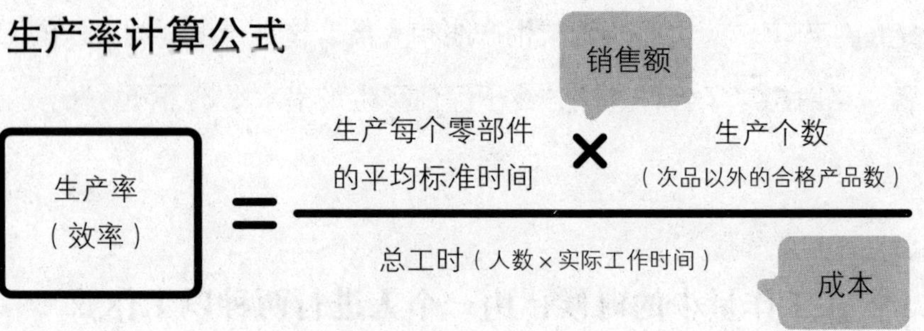

工序实力而确定的数字，具有高尔夫球让杆的性质。

在丰田公司，常常会算出生产率（效率），作为评估对象；在现场，将效率的提高称为“利润”。

这里的要点是，生产率在生产增加时很容易提高，但是在生产减少时却往往会下降。

增产时，作为分子的销售额会不断上涨，生产率自然会随之持续提高。

相反，减产时，作为分子的销售额越来越减少，作为分母的人工等成本却不能轻易减少，所以生产率也极易下降。

不能因为工作量减少，就轻易裁员，当然会是这样的情况了。

企业教练山口悦次以前在丰田公司工作时，曾经作为现场领导人全权处理大幅度减产。他回顾道：

“随着某种发动机的生产结束，缩小了发动机制造部门。原本有2条生产线，统归为1条；同时，用了2年时间，对250名操作人员进行了调配等，最后变为15人的体制。

“可是，并不能因为生产正在减少，就免除盈利。一边维持一定的生产率，一边还要裁减生产线和人员，这是一项极为艰巨的工程。当时想尽了各种办法，终于保住了生产率水平不下降。”

在工作量少的时候，由一个人进行两种以上作业

那么，当处于生产减少期时，怎样做才能维持生产率呢？

方法之一，就是“合并”。具体地说，即由一个人完成两种以上作业。

在发动机的制造过程中，有“加工”和“组装”两种工序。通常情况下，加工归加工，组装归组装，是分开进行的。可是，在生产减少之后，组装工序的操作人员要能够做加工工序上的工作，加工工序上的操作人员也要会做组装工序上的工作，他们互帮互教，可以完成两道工序以上的工作。

这样一人多能，人数虽然减少了，一个人也可以同时进行两种以上的业务，还能够对其他工作提供援助，从而不会降低生产率。

另一方面，在工作大量涌现的繁忙期，要点是对膨胀的工作“细致分工”，以提高生产率。

例如，把“加工A”工作细分为“加工A-1”“加工A-2”等工作，分别安排人员去做。各项工作完成的时间缩短，生产量会增加，生产率会越高。越是生产量大的工厂，操作人员的分工越细，正是出于这个原因。

繁忙期与闲散期的程序不同

工作增加时

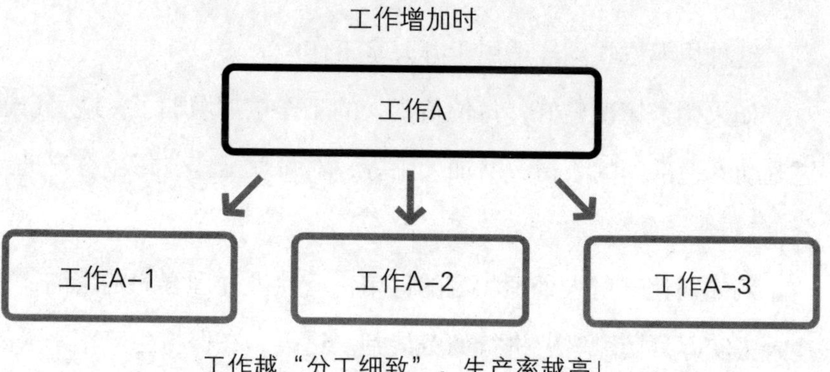

工作越“分工细致”，生产率越高！

工作减少时

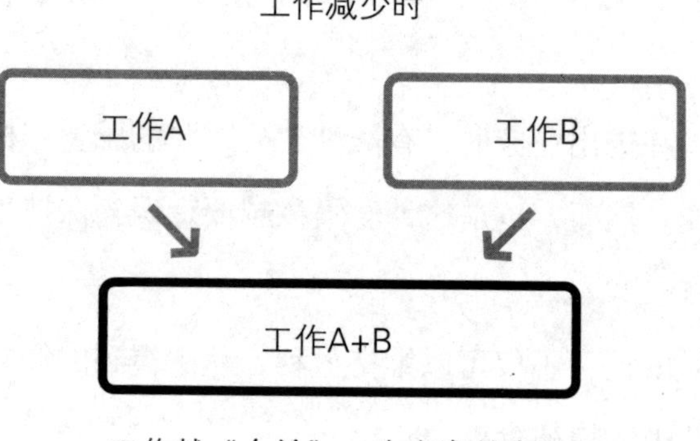

工作越“合并”，生产率越高！

减产时努力改善，未来会得到飞跃式提升

这种思考方式同样适用于办公室工作中。

如果销售情况良好，每位负责人的工作量都增加了，就可以通过调动其他部门的人员、增加人手等，对每项工作、每位客户进行分工。

例如，让一些人处理顾客的订单，一些人处理客户的咨询，一些人去实际拜访顾客、进行商务谈判。这样，在保持生产率水平的同时，还能够提高销售额。

相反，在销售额下降、工作量减少的局势下，可考虑将之前分开的“开拓新客户”“与客户进行商务谈判”“客户的售后服务”等业务合并在一起。如此一来，既可保持生产率水平，又可以盈利。

特别是在退出业务时，有一种“战败”的感觉，根本无法积极地面对工作。然而，越是这种时候，越要意识到保持生产率水平，专注于工作。

这样做的话，不仅可以维持盈利，从中得到的经验还会成为今后职业生涯中的精神食粮。

企业教练山口悦次回忆说：“全力处理压缩发动机制造部门的问题成为我最宝贵的经验。

“有了在减产时设法保持盈利的经验，在普通时期和增产时期绝对盈利也成为可能。雷曼事件发生后，丰田公司的生产量下跌，但公司持续进行改善，努力保持生产率水平。后来，生产恢复后，丰田公司可以产生高利润，也是艰难时期努力改善的成果。”

在工作量大、非常忙碌的时候，按照惯性去工作，也一定可以产生利润。而**在工作少的时候，则应意识到需要保持生产率水平；据此，等将来形势好转，工作量恢复了，就可以创造更多的利润。**

第 4 章　第 5 讲

用富余时间创造“长期价值”

POINT

将由于程序改善而产生的富余时间，用于提高长期生产率是相当重要的。

✧ 将挤出来的时间用于新的改善

去除工作中的浪费、缩短工作时间等，当然会使人力和时间产生富余。

例如，5小时干的工作，3小时即可完成，这就产生了2小时的富余时间。如果无所事事地度过这2小时，改善程序将失去意义。

从组织的层面来说，如果人员产生了富余，可以分配给他们其他要紧的工作，或派他们出去帮忙，等等。

当然，目前的现状是，许多企业的业务量在增加，却不增加人员，因而不可能有闲置的人力。

从个人的层面来说，去除浪费和缩短工作时间而产生的富余时间，**即使无助于短期成果的取得，也能用于对长期生产率的提高做贡献。**

例如，丰田公司曾经由于去除浪费而节省出一部分富余人员，于是公司给这些人委以新的课题，让他们负责改善工作。

改善永远不会结束。通过进一步的改善，去除新的浪费，可以带来工作时间的进一步缩短和人员的进一步削减。

这种情况对公司整体的影响较小，除了相关人员之外，没人会察觉得到。

全力处理正在转化为慢性问题的问题（如加班时间增加等）是可以走的一步棋。

还有一个办法是把挤出来的时间用于进行培训。即使平日也感到了培训的重要性，但在日常工作中，想有足够的时间去做可就没那么简单了。

时间和人员产生富余之时，正是充分进行培训的好时机。

教育尽管与附加值和生产率的立即提高没有直接联系，但从长远来看，人才的成长必定会为附加值和生产率的提高做出应有的贡献。

有效使用去除浪费后产生的时间

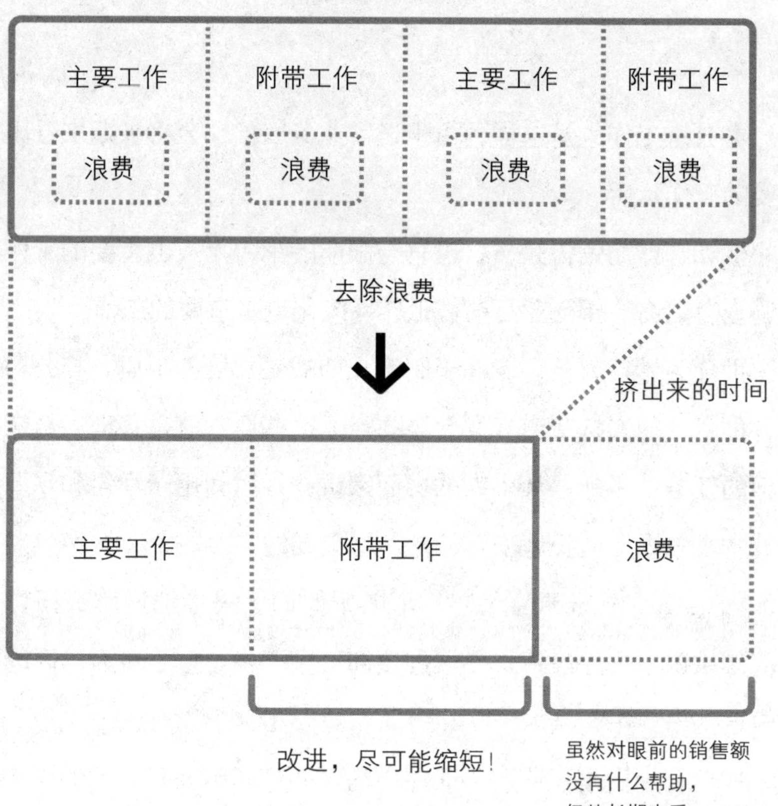

- 战略规划
- 人才教育
- 自我启发等

是否花时间进行战略规划和人才教育，能够产生差距

办公室工作也是这样，由于日常业务繁忙，会将长期来看比较重要的工作延后。

例如，作为销售人员，也有与眼前的销售无关但重要的工作，如调查有前途的新行业及销售工作系统化也是重要的工作。

而作为管理人员，专注于制定长期战略、培养下属、与公司内外各种各样的人打交道、发现至高点，这些原本就是管理人员应当承担的任务。另外，从个人的层面来讲，抽时间用于学习和掌握新的技术及知识，从长远来看，是非常重要的。

如果公司内部环境允许，可以派他们出去参加进修或研讨会等。如果由于去除浪费，不再需要加班了，也可把下班后的时间用于做这些事。

如何利用由于程序改善而多出的时间，必定会对以后的成果造成巨大的差距。

第4章　第6讲

将“应有的愿景”落实到行动上

POINT

丰田公司的工作是从描绘“应有的愿景”开始的。缺少“应有的愿景”，程序会迷失方向而陷入困境。

什么是全力投入新工作的程序?

程序大体上可分为两种：为了完成日常业务的程序，及为了挑战新工作的程序。

那么，致力于非日常业务的新的工作和项目时，该怎样制订程序呢?

企业教练谷胜美说：**“要从描绘应有的愿景起步。”**

谷胜美在丰田公司工作时，曾作为领导者，以“从根本上重新评估业务内容”为关键，全力以赴地对技术、物流、生产系统和制造工序进行革新。

“我们一开始重新评估了以前实行的每次处理业务都如同反复扩建房屋那样的低效率做法，创建了一条可称之为‘革新线’的生产线。我在其中负责车体生产部门的建设工作。这是一项完全没有先例，也找不到答案的工作，所以首先从描绘可作为指南的应有的愿景开始。”

为了描绘出应有的愿景，谷胜美不仅去了国内的工厂，也去了遥远的海外工厂，以广阔的视野观察，并收集了有关人员的意见。

在这样的过程之后，描绘出了几个应有的愿景。最终目标之一是压缩工厂空间，为此，从根本上对材料的进出、加工、发货流程进行了重新评估。

另一个愿景是人才教育方面的“标准”革新。

前面已经讲过，丰田公司有一种“标准”思维模式——对各项工作都制定做法和条件。简单地说，即照此生产的规定，是“无论谁做都可以生产出同样东西的一种机制”。

从“操作人员指南”标准书，到“指导人员指南”标准书

谷胜美对当时的情况回顾道：

“当时的标准书是‘操作人员指南’。不管操作者是谁，只要读了这个标准书，都可以完成同等水平的工作。

“然而，实际上，在生产线上忙于干活的操作人员根本无暇一一与标准书进行核对。而且新人及短期员工无法理解标准书中的专业术语。bonnet（发动机罩）在现场被称作‘hood’，而经验少的操作人员即使听到‘hood’，也一下子反应不过来。只从其中使用的这一个词，即可看出标准书与工作人员的实际操作相差悬殊。事实上，标准书形式化的情形随处可见。

“于是，描绘出了‘创作一本指导人员指南标准书’这一应有的愿景，从丰田公司的所有工厂取来标准书，仔细推敲具体的方案。”

如果是“操作人员指南”标准书，需要加大字号、便于阅读，并且采用图或插图，使其更为直观、形象、易懂。但是“指导人员指南”标准书，是指导人员用的工具书，因此，用文字无法传达的内容，可以采取“以实地、实物（现场）加以确认”之类的表达方式，而经验丰富的指导人员也完全能够明白其所表达的意思。

经过上述改进之后，标准书转化为以教学为重点的工具书，在现场指导中发挥着有效的作用。

企业教练谷胜美总结经验说：“在开始投入一项新的工作时，先描绘出‘应有的愿景’，然后在各个部门进行分解，落实为谁做什么的具体行动计划，这是至关重要的。”

初次实施的项目，如果不事先将应有的愿景描绘出来，会很快地迷失目标。**目的不明确，就会将向前推进程序本身当作目的，而无法取得预期的成果。**

CHAPTER 5 便于准确施行的沟通术

第 5 章　第 1 讲

第一个坏消息！

POINT

对问题和麻烦置之不理的话，事情将发展到无法挽回的地步。正因为是坏消息，才不可隐瞒，而应该公开。

不隐瞒问题，将其置于看得见的地方

在丰田公司的生产线上，有一个被称作“警报灯”的显示生产工序异常的系统。如果操作人员发现自己的生产线上有异常状况，就拉紧连接“警报灯”的绳子，通知大家发生问题了，生产线随即停止。

然后，集中大家的智慧寻找发生问题的真正原因并加以解决，确保同样的问题不会再次出现之后，重新启动生产线。

采取这种方式，可以避免同样的问题再次发生，从而使产品的质量得到保证。

“不隐瞒问题，将其置于大家看得见的地方，以图彻底地解决问题。”这是丰田公司的风气。

而一般企业在生产线发生问题时，只是采取一些应急措施，然后像没什么事发生过似的再次启动生产线。虽然生产线暂时还能启动，但是问题的真正原因仍然存在，因此，同样的问题早晚还会出现，导致更严重的事故。

公开失败，反而会得到信任

以人类的心理来说，不太希望把失败或不良信息传播出去。如果失败的事情被他人得知，自己会感到尴尬，有时候还会遭到上司的斥责。因此，往往会为了不让别人知道而当场遮掩自己的过失，企图将其当作“从未曾发生过的事情”。

然而，这样一来，虽然暂时是过关了，却会导致以后发生更严重的事故。

例如，有客户投诉：“商品中有一部分是次品。”此时，作为负责人，在“并不是什么大问题”“不愿意挨上司骂”的心理作用下，先对客户道歉：“实在对不起，以后一定注意。”接着为客户更换次品。这样草草收场，以后会怎么样呢？

由于没有采取任何对策，商品可能会再次出现次品。当客户发现“又有次品”，你必将失去信誉，妨碍到双方今后的交易。

如果在第一次接到索赔的那一刻，即向上司汇报，那么其他成员和其他部门也会参与进来，为了不重蹈覆辙而采取对策。

如果企图隐瞒失败或状态不佳的情况，即使当时勉强应付了过去，程序也已经处于极不正常的状况，时间一长，你必会失去周围人们的信赖。而**如果诚实地报告失败，反而会获得“可信”**

的评价。

不过，需要注意的是，如果上司只是命令“尽早报告”的话，下属是不愿意汇报坏消息的。

据说丰田公司有一位部长，在发生问题时，下属职员再忙乱，他也决不会亲自去问：“怎么了？”而是像往常一样冷静，等待来自下属的报告。

等到下属终于近前报告来了，这位部长会很有礼貌地面带微笑给下属让座：“来，请坐。”接着才开口问道：“出什么事了？”

静静地听完下属的情况汇报后，他只是说：“谢谢大家能够努力到这种程度！不过如果下次再发生类似的事情，希望可以更早一些来商量。”

正是因为有这样的部长，该部门形成了一发现问题即早做汇报的风气。

事实上，这位部长对部门内部出的问题，应该也是担心得不得了。可是，他既没有催促下属赶紧来报告，也没有在听了报告后大发雷霆：“怎么会出这样的事！我真搞不明白！”

上司具备强烈的意愿来营造这种风气，这是很重要的。

第5章　第2讲

制定“及时报告＋联络＋协商”的标准

POINT

“报告”“联络”“协商”对程序的完成有相当大的影响。如果在这几个方面没有制定标准，会给当事人造成一定的压力。

不明白该什么时候进行报告、联络、协商……

“报、联、商”（报告、联络、协商）在工作中非常重要，在程序上也同样重要，决定着程序的完成。

如果不向有关人员进行必要的报告和联络，则不能共享目前的情况，有可能引发一些小错误及问题。

另外，只要商量一下，马上可以解决的事情，却由自己一人承担，有时候也会造成日程安排的迟误。

虽说如此，任何事情都进行报告、联络、协商，也是不现实的。工作人员常常会有这样的疑问：“在什么时候进行报告、联络、协商最为合适呢？真搞不明白。”

另一方面，也有许多上司感叹道：“我们根本无法进行报告、联络、协商。”“只要问题还没到极其严重的程度，下属就不会来沟通。”

像这样无标准可言时，主动做与被动做的人都会感到压力。

只要提前确立好“在什么情况下应该进行报告、联络、协商”的规则，上述烦恼就会变少。

如在丰田公司，与安全和质量有关的事即为重要性、紧急性都高的事情。

一旦发生给安全和质量带来影响的问题，就必须迅速停止生产线，并向上司完整地报告。而且，在这些问题得到解决之前，生产线不会重启。

确定报告、联络、协商的标准

企业教练冈村靖说：“各工作岗位提前确定好在什么情况下进行报告、联络、协商的标准，可以防止程序发生严重的紊乱。”

实际标准虽然因工作岗位不同而异，**但都会包括“对客户的影响程度”**。

如果将这一问题搁置不理，会导致客户投诉及不再订货等情况发生，因此一旦发生，必须准确地进行报告、联络、协商。

“期限”也是非常重要的标准。

一旦发现工作在预定的期限内完不成，迅速进行报告、联络、协商也是相当重要的。只要及早掌握迟误的情况，就能够采取适当的对策。

设定定期进行报告、联络、协商的场所也是方法之一。

在丰田公司，各部门的工作进展状况都会张贴在一览板上。每天早晨，各部门负责人都要向管理人员报告自己部门的工作状况，也会当场报告当前发生的应该解决的焦点问题，接着大家会现场商讨应采取什么样的对策。

或许您的公司难以像丰田公司那样让大家每天早晨做例行报告，那么可以规定“每周周一开确认进度的会议”，或“每天回家之前，在公司内部网报告进展情况”。通过这样的方式，预先给员工们创造定期报告、联系的机会，即可以共享程序的迟误情况，从而得以迅速地采取必要的措施。

此外，上司也可以要求“每周周一报告一次”或“截至××（时间）之前做下次报告”，确定好报告和联系的频率及期限。这样的话，就连下属不会特设时间进行报告的微小信息也可以准确掌握。

报告是在“现场”，面对“实物”进行的

尽可能以在工作现场报告为原则，这好过在会议室报告。

如果是在会议室进行报告，如果程序并没有在顺利进行，相关人员也可以声称“正在想办法解决”“进展顺利”……而蒙混过关。

而在现场敷衍过关却并不容易。

在丰田公司，经常强调“要注重当地、实物”。这种思维方式基于要想搞清楚现场实际发生的情况，应该察看产品本身后再做出判断这一理念。

在丰田公司，有一句话是：“别问人，要问产品（或现

场）。”

人有撒谎的可能性，产品则决不会撒谎。

虽然在办公室工作中，在会议上作报告是主流，但管理人员不可将下属的口头报告囫囵吞枣地接受，要准确地掌握程序进展的状况，形成风险管理。在下属将尚未完成的产品确认为成品等情况下，这样的应对处理是非常重要的。

第5章　第3讲

不放任“潜在事故”

POINT

使程序发生异常的问题和变故，其发生预兆会潜藏在日常工作中。千万不可将它们放过！

一感到有危险，马上采取对策

“在发生问题，程序不能顺利进行时，会有一些预兆。只要注意到那样的‘潜在事故’，则可以在早期采取对策，挽回局面。”企业教练真中贞夫说。

“潜在事故”是指现场发生的突发事件、令人震惊的事等。这是一种尽管尚未出大事，但却感到很有可能导致重大事故、灾害、伤害发生的经验。

在丰田公司的现场，管理人员常常指示“一旦有突如其来的事情发生，请马上报告”，对此都强调到了嘴巴累酸的程度。

例如，工厂里的部分地板被从门外吹进来的雨水打湿了，很可能会有人滑倒。一旦有工作人员不小心摔倒受伤，就会成为重大事故。

有这种潜在事故发生的经验，就可以采取立竿见影的措施，例如马上在人们有可能滑倒的地方，贴上防滑砂纸等。仅仅这么做，场所的安全性就提高了。

不过，只采取以上的办法，并没有解决根本问题。可以采取加长房檐等措施，保证地板以后不会再被打湿，一劳永逸地解决这个问题。

不要放过“不协调感”

“潜在事故”是生产现场常用的语言，也是工作程序方面非常重要的思考方式。

问题和变故发生后，被迫去应对一切，费了一番力气才能recovery（恢复）。但若是问题发生在交货当天，此时可供选择的处理方案就变得很少，会陷入战败处理那样的状态。

如果在问题没发展到非常严重的状态之前就采取措施的话，则能够将损失控制在最低限度，而且可以使程序完全恢复到正常状态。

因此，切记勿放过“不协调感”。

问题和变故发生之前，必定会有预兆发生。

例如，下属A看上去闷闷不乐，则A可能正有一些烦恼和麻烦事。也许他想来协商，又怕挨批评，只好一个人在那里发愁，都想烦了。

此时，过去打声招呼：“怎么了？发生什么事了吗？”只要问出“事实上，××进行得不顺利……”这种答复，即可以马上采取对策。

其他作为预兆的不协调感还有：

——××比平时回复邮件慢。

——给客户打电话，对方却谎称不在家。

——下属不敢直视自己的眼睛。

……

不一而足。

正因为一直在一起工作，你理应察觉到这些不协调感。

一察觉到不协调感，就要立刻采取措施。如果来自有关人员的邮件回复比平时慢了，或许是因为发生了难以回复的变故，或许是因为你的邮件得到回复的优先权降低了。那么你要打电话和对方直接联系，或去会见对方以确认状况。

将“大灾难”转化为“无灾无难”的沟通

在问题和变故发生之后再采取对策，会使工作程序产生障碍。潜在事故的预兆一旦发生，最重要的一点就是立刻将对策转化为行动。

企业教练真中贞夫说：“只要抓住会发展为变故的预兆，大灾难可以化为中灾难，中灾难化为小灾难，小灾难化为无灾无难。为了平安地推进工作，必须在平时就与周围的人进行密切沟通，磨炼自己预知危险的第六感。因为如果平日里做不到和相关人员心意相通，就无法觉察周围的变化和不协调感。”

觉察到潜在事故的预兆，需要经验和第六感，经常与周围的人保持密切沟通，不放过不协调感是非常重要的。

第5章　第4讲

敢于与反对势力协商

POINT

事先沟通也是重要的程序之一。大体来说，如果事先进行了沟通，则不会有心情不好的人。

新事物和新变化会遭致阻力

要想让程序顺利地推进下去，离不开周围人的协助。如果不只是公司外部的客户、往来厂商、合作公司、有关人员等，甚至连公司内部的董事及上司、同事、下属、其他部门的成员都一起反对你，那么你的这项工作必然会受挫，进行下去所花费的时间也会无限延长。

当然，不同的人，其理解能力、所关心的地方、立场等都各不相同，所以你向他们传达的内容也应该因人而异。将他们集中在一处，赢得他们全体人员的支持，势必比登天还难。

企业教练冈村靖肯定地说：**“事先沟通也是程序的一部分。”**

“在改变之前的传统做法时，突然宣布‘从今天开始改用这样的做法’，往往会招致反对。因此我会提前将此内容传达给课长、工长、组长等现场领导，进行事前沟通。凭我的经验，经过事先沟通，进行了周到的解释和处理后，没有人会觉得心里不舒服，反倒会转为友善的态度。提前取得了主要相关人员的理解，他们是不会佯装不知的，因而，之后在生产现场，他会品味‘冈村想说的是这样的事啊’，并按照我说的去做。”

在可能存在反对势力的情况下，尤其需要事先沟通。

当新事物出现，或情况有了某些变动的时候，新鲜之处越多，越容易遭受到阻力。当相关人员预想到会对自己的工作造成影响，就会拼命地反对、阻止。

这一点很容易理解。人是恐惧变化的动物，如果被下令更改一直以来的工作或做法，就会立刻想反对：“为什么要这样变动呢？”因此，可能存在反对势力的话，需要费心去进行事先沟通。

企业教练真中贞夫说：“顺利进行事先沟通的要点是，征求意见，顺势明确提出自己的请求。”

在20世纪40年代前半期，丰田公司有个名叫“丰隆会”的组织。它是由中途进入丰田公司的职员组成的，真中曾担任过该组织的会长。这是一个巨大的组织，当时的会员人数大约是一万人，现在也有6000~7000名会员。

这个组织定期举行大会，时任会长真中负责新活动的策划。但他面对的是历届丰隆会的原会长这些前辈，他们都曾以极大的坚持和热情投入组织活动，如果进行新的活动，这些历届的会长们会误解为是在否定自己曾经付出的努力，因而存在反对的可能性，因此，很容易推测事情将不会顺利进行下去。

真中回忆道：“于是，我采取了征求意见的形式，向历届会长们提出了自己的主张：‘我正在考虑一个这样的活动，您认为怎么样啊？’其中有些人说：‘没什么不好的。’表示赞同我的想法，不加干预。也有人说：‘这样做会不会更好一些？’热情地给予我建议。

“结果，我原本以为会招致反对的担心反而变成了杞人忧天。

但是如果不事先沟通，而是突然发一份通知告诉他们：‘要进行这样的活动了。’也许就不会那么顺利进行下去了。”

请将“不可能”的理由写出来

在工作中，常常会碰到未得到上司及董事的同意，就无法将工作进行下去的情况。

而对方的年龄越大，和自己的代沟就越深，有时征得同意需要花费很长的时间。

特别是面对会明确提出意见的人，会产生“很不愿意被人评价说工作做得乱七八糟”“有可能会增加工作量”之类的心理，于是往往不做事先沟通，就推进事物的发展。

然而，如果对这些领导等闲视之，想强行突破，反而极易遭致他们的反对：“我没听说过。”“那样做不行。”……

所以说，事先沟通是非常重要的。

此时的**要点是，以征求意见的形式，明确地提出自己的主张。**要加倍用心，使对方认真地应对这件事。只要对方能够倾听我们想说的意见，就可以了。

例如这样征求意见：“在这次会议上，我想提出这样的议案，您看怎么样？”这样请教的话，也许对方会提出各种各样的意见，但实际上是在当场说“yes”。即使没能当场征得对方的同意，只要在之后遵照对方的意见提交修正案，在大多数情况下，也都会得到赞同的。

当然，工作中也常常会碰到提出各种理由来反对新行动的人，但是，只要下点功夫，他们也同样可以成为强有力的合作伙伴。

首先，请那个人将“不可能”的理由在白板上写出来，然后，这样说：

“谢谢您为我考虑到了这么多存在的问题。下一步会集中大家的智慧去解决这些问题，将‘不可能的理由’转变为‘可能的理由’，希望您可以担任领导带领大家。”

能够将“不可能”的理由详尽地列举出来，证明了此人对现状的认知非常透彻。这样一来，反对势力反而存在着转变为出色领导的潜能。

第5章　第5讲

资料要显示“过程”

POINT

能否正确地传达自己的想法和提议，会给程序的进行带来影响。有一种传达方式，可以使对方在不知不觉中说出“OK”。

丰田公司的“A3 文化”

如何制作计划书与建议书，对程序的进展有极大的影响。在需要据此征得干部或上司的同意时，计划书或建议书制作出来的效果不同，还会影响是否能顺利得到批准。

OJT解决方案股份有限公司的前专务董事海稻良光说：“在丰田公司，有一种‘A3文化’。

“在丰田公司，总归要彻底、简洁地汇总到一张纸上。在解决问题的时候，也是从问题的主题开始分析过程、对策、目标，一直到如何落实为成果，将问题解决的全部过程汇总到一张薄纸上。这样，思考过程一目了然。”

例如，在进行工作交接时，听着前任漫无目的的工作说明，很难捕捉到要点。而在丰田公司有一个部门，在交接工作时，正是充分利用了将“问题解决过程”总结到一张纸上的做法。

尽管这只是一张A3薄纸，却真实地再现了问题的关键之处何在、大体上经历了一个怎样的解决过程、全体人员各采取了何种行动。此外，还可以从中抓住问题发生时的应对诀窍。

对问题解决过程的总结大多会由个人作为私物留存，而如果像这样由组织收藏，智慧就能够切实地传承下去，组织的能力也得以加强。

采用纵轴与横轴进行双向判断

制作文件时，有先提出结论，再补充理由的方法。在制作报告等要求速度的文件时，先下结论，然后再简单地总结原因，可以说最为有效。

另一种**文件制作法则是先显示思考过程，再推导出结论**。丰田公司的问题解决过程的总结等，采取的正是这种模式。

采取这种模式的话，提出议案者推导出结论的思考过程非常明确，因此对方易产生认同感而接受提议。即使对方提出了异议或反对意见，思维模式轴也已经确立好了，所以不会脱离主题，可以直接进入建设性的讨论阶段。

下面以打算搬迁办公室时，制作关于迁往何处的建议书为例来说明。

首先，明确办公室搬迁的目的和理由（背景），并确定好以哪些条件形成判断轴。

例如，按照如下的先后顺序（判断轴）锁定新地址：

① 抗震性能如何

② 交通便利与否

③ 是否独占一层且面积较大

④ 租金水平怎样（尽可能是现行的普通价格）

并且，列举出符合此判断轴的最有希望当选的几个地址，制成一览表，分别对判断轴上的4个条件进行“◎（非常合适）、○（一般）、△（有缺憾）”等评估。

最后，作为结论，给◎最多、△无的地址加上标记。

只要像这样将思考过程明确地记录下来，提意见的人就会想：“我提的意见看来并不是那么恰当啊！”而能够给予理解。

此外，如果提意见的一方认为比起其他条件，应该最先考虑“②交通便利与否”，那么也可以再次进行讨论，重新选择交通方便的地址。

如果不在建议书中明确将以什么条件作为判断轴、怎样推导出结论，则无法确定讨论的焦点，会议往往会陷入僵局，也有可能得不出结论就草草收场。

制作文件时一定要体现思考的过程。只要做到这一点，就能够按照程序顺利推进工作。

建议书要体现过程

办公室搬迁的背景

由于抗震强度不足，业主说明大楼需要重建。

退房期限：2016年10月15日

关于搬迁的想法（判断轴）

① 抗震性能如何

② 交通便利与否

③ 是否独占一层且面积较大

④租金水平怎样（尽可能是现行的普通价格）

候选地址的比较研究

	A方案	B方案	C方案
① 抗震性能如何	抗震结构 ○	抗震结构 ○	制震结构 ◎
② 交通便利与否	A站步行5分钟到，连接地铁 ○	A站步行3分钟到 ○	B站步行2分钟到 ◎
③ 是否独占一层且面积较大	10层258坪，有其他房客 ○	16层253坪，有其他房客 ○	9层244坪，没有其他房客 ◎
④ 租金水平怎样（尽可能是现行的普通价格）	一年6000万日元 △	一年5500万日元 △	一年3800万日元 ◎

搬迁候选地点

希望选择××大厦9层

【理由】①~④的条件全部满足

考虑到严酷的经营环境，控制固定支出。

第 5 章　第 6 讲

用数字表示方针

POINT

如果方针和计划没有传达到组织的各个角落，那么整体的程序将不能顺利进行下去。无误传达的要点在于方针和计划的具体化。

别让方针仅仅成为口号

任何公司都会制订今后的经营方针和经营计划。然而，在许多工作场所，方针和计划最后只会落实到“争取让顾客百分之百满意！”“为成为行业龙头企业而努力奋斗！”之类的单纯的口号上。

虽然管理层认为方针政策旨在体现，但实际上这些方针政策并没有渗透到组织的各个角落，最终，也未能付诸行动。这样的情况不在少数。

为了切实地转化为行动，明确方针和计划是必不可少的。

即使最高层指出“要这样做”“要那样做”，将方针传达下来，只要没有具体化，下属就还是不知道应该怎么做，不能转化为实践。

企业教练尾崎十朗说：“方针制定得再好，未传达至现场的一线组织，也将毫无意义。

“这是一家衣料销售商店进行改善时发生的事。这家公司的总裁提出了‘让销售柜台灵活发挥作用’的宏伟构想，要求店长在店内到处走来走去，捕捉销售柜台的变化，以检查商品的销路。例如，有的衣服不是叠得整整齐齐，显得比较乱，这是顾客拿取的迹象，也正是顾客有需求的表现，那么，多订购这件商品，必定会提高销售额。

“然而，事实上，店长只是在店内转来转去，将弄乱的衣服重新叠好而已。这样，发现并订购畅销产品的工作计划根本无法做到，总裁原本的意图并未传达到现场。”

靠自我思考，提高对程序的执行力

在丰田公司，公司的整体方针提出后，各部门会根据接到的方针，分别制定部门方针，各科室再根据接收到的部门方针，制定出自己科室的方针，并且据此提出工长以下所有职员的改善主题，然后付诸行动以达成目标。只要每个个体的改善目标实现，公司整体的方针目标自然也会实现。

在这个过程中，**丰田公司的各位管理人员把上级下达的方针置换为自己部门应做的工作，制订出具体的计划。**

这些方针大多是以“将生产率提高20%”“把生产时间缩减为原来的一半即50%”等数字的形式，具体地体现出来。由于方针非常具体化，员工们必然会思考：“为了实现这一方针，自己该怎么做才好呢？”

就像这样，丰田公司的方针管理从组织的高层到现场具有一贯性，自上而下与自下而上融为一体成为其最大的特征。

企业教练尾崎十朗说：**“对程序执行力强的大前提是有能力预测未来，制订出计划并付诸实行。**

“预测未来需要思考能力。靠自己的大脑思考，然后行动，对于个人来说是非常重要的，对于组织来说也同样重要。组织内是否存在员工独立思考的文化，影响到组织的力度不同。因此，以数字等形式具体地体现方针，给予每个员工独立思考的空间，是很重要的。”

如果仅仅用“争取让顾客百分之百满意！”“为成为行业龙头企业而努力奋斗！”之类的笼统的口号来描述方针，员工们就不知道应该考虑什么、怎样考虑。方针越具体，员工们越会思考：“为了实现这一方针，我该怎么做才好呢？”

有些岗位上的程序不能顺利进行，极有可能是因为员工们独立思考的能力未被培养。

集中大家的智慧使方针具体化，这是最要紧的事。

组织一体化运作是日本企业的优势所在

或许有些人觉得，像这样依靠密切沟通将公司的方针郑重地传达到组织的各个角落的做法，在速度上会有所欠缺。据说，日本企业与自上而下型的欧美企业相比，做决断的速度确实较慢。

OJT解决方案股份有限公司的前专务董事海稻良光于1991—

1994年，曾在美国通用汽车公司与丰田公司合资成立的新联合汽车制造公司（New United Motor Manufacturing,Inc.）做总务和人事负责人。他回顾这段工作经历，总结道：

“的确，日本的组织在一般情况下，做决断的速度较慢。但是，一旦做出决定，则会通过组织一体化运作，准确、迅速地实行下去。而欧美的企业正好相反，上层的决断虽然很快就做出了，但其方针渗透到组织内部尚需要时间，与现场步调不统一的情况相当多。

“日本企业能够准确、迅速实行方针的背景，即是在丰田公司进行的密切交流和事先沟通。换言之，是由于管理层和监管人员面对现场，可以准确地解释和共享工作目的及背景。

“决断的做出是快还是慢，各有利弊。通过组织一体化快速实施方针政策，是以丰田公司为首的日本企业的强项，日本企业不是该引以为豪吗？”

将公司的方针具体地传达下去，最终成为组织整体发挥的最大优势。

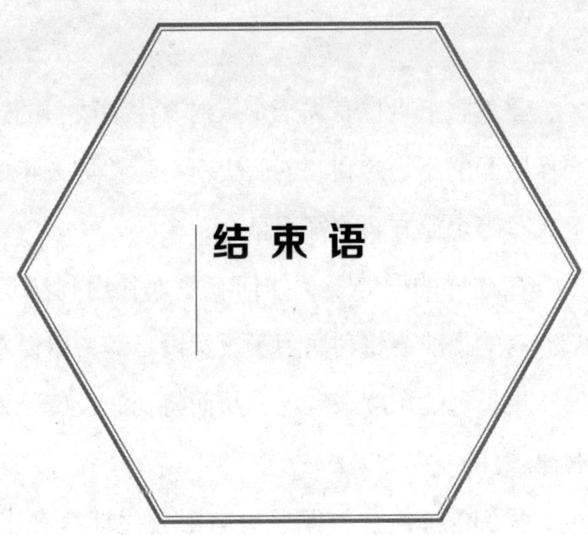

结束语

虽然报纸上也有关于个人对其生活改善的感受减弱的调查，但充斥版面的还是“利润创历史新高”“与去年相比，纯利润增长了×成”等企业方面的好消息。

在这样的形势下，如何有效地利用利润是非常重要的管理决策。有的企业会将利润用于投资设备等，以谋求生产能力的增强；而从更长远的角度来考虑，从而将利润投资于人才培养的管理者也有很多。

我们OJT解决方案股份有限公司拥有在丰田公司的工作现场浸润了长达40年而积累了大量经验、培育起真知灼见的企业教练们，他们展开人力资源、工作岗位方面的改善实践，把致力于提高客户的业绩作为自己的使命。

改善的先后顺序很重要，首先应展开人力资源开发、工作岗位建设，最终带来业绩的提高。这听起来似乎是理所当然的，但在现实中，有的管理者首先要求的是业绩提高。这样的企业只要求得到丰田公司工作模式中的How（怎样做）的指导，各位职员在并不了解所做工作的意义及目的的情况下完成任务，结果是，个人的实际操作和组织的整体方针产生了不谐调，最终导致项目破产。

有种说法是：“有才能之人追究的是Why（目的），而无能之人则只追究How（做的事情、做法）。”How是根据Why所做的选择，本书也将程序的第一步定为“目的的确认与共享”。对于这一点，也许有些人会觉得失望，不过，我们是因为刚才所述的原因而做出如此选择的。

从这种意义来讲，大部分成功的管理者其实都是管理程序的高手。他们首先与职员们共同展望未来，使全体成员的方向保持一致后，再研究How，并转向实践。正因为全体员工对公司未来的方向和愿景是共享的，一旦How丧失了其正常的功能，职员们也可以自己选择别的How来达成目标。这个过程就是培养人才，也是关系到工作岗位建设的努力。

正在业绩状况良好的情况下考虑开发人力资源的各位管理者，一定要理解本书中所载的丰田的工作程序与开发人力资源的要点。若能将其付诸实践，则幸甚。

OJT解决方案股份有限公司